面白くて眠れなくなる日本語学

山口謡司

YOJI YAMAGUCHI

PHP

面白くて眠れなくなる日本語学

カバーデザイン　高柳雅人
カバーイラスト　山下以登

はじめに

ひょこ、ぴょこ、びょこ

日本語ほど不思議な言語はありません。
〈ひらがな〉、〈カタカナ〉、漢字、ローマ字、こんなにたくさんの文字を使いこなして、言葉のニュアンスを伝える言語は、世界中どこにもありません。

ワタシは、キョウも、トッテモ、ゲンキ！
わたしは、きょうも、とっても、げんき！
私は、今日も、迚《とて》も、元氣！
WATASHI、today も very GENKI!

同じ文章なのに、使われる文字によってそれぞれまったくニュアンスが違うことがお分かりですか？

ます。

〈カタカナ〉を多用すると、シャキシャキ感、若々しさが感じられます。
〈ひらがな〉だと、やさしさを感じます。
漢字で書くと強さ、英語やローマ字だと世界に向けて発信している広がりが伝わり
ます。
なぜ、日本語は、こんなにたくさんの文字の種類を持っているのでしょうか。そして、日本人は、どのような言語教育を受けることによって、こうしたニュアンスの違いがあることを学び、使い分けていくことができるようになるのでしょうか。
その理由のひとつに、日本語には、擬音語、擬態語がたくさんあることと関係があるのではないかと考えられています。
たとえば「しとしと」と「じとじと」ではまったく語感が異なります。
もしも、テレビ時代劇「子連れ狼」の出だしが、
しとしとぴっちゃん　しとぴっちゃん♬
ではなく、
ジトジト、ビッちゃん、ジト、ビッちゃん
だったら、どう感じますか？
梅雨が明けない湿った天気に青黴《かび》が生えて心の中まで暗くて、主人公・拝一刀《おがみいっとう》の刀

も錆《さ》びて抜けなくなってしまい、子どもの大五郎も黴臭い服を着て、子どもらしい明るさもなく「ちゃん」とお父さんを呼ぶこともできなそうです。

「カエル、ひょこひょこ」と「カエル、ぴょこぴょこ」、「カエル、びょこびょこ」この三つは明らかにカエルの歩き方（跳び方）に違いを感じることができますね。

でも、英語やフランス語、中国語には、音のちょっとした違いによって語感を異にする擬音語や擬態語は存在しないのです。

『古事記』はどうやって記されたか

ところで、『古事記』という日本最古の書物があります。日本の神話が書いてある本ということで名前は聞いたことがあるという方も少なくないと思います。七一二年に、太安万侶《おおのやすまろ》が、稗田阿礼《ひえだのあれ》が話したことを文章として書き記したものです。

神話は、もともと口頭で「語り部」と呼ばれる人たちが代々、語り伝えてきたものので、稗田阿礼も、その語り部の一人だったのでしょう。

さて、人が話すことばを、そのまま書き写すという作業をするのは、とても大変なことです。

たとえば、上司や部下、両親や子どもがしゃべっていることばをそのまま「聞き書き」「聞き取り」してみてください。内容は分かるにしても、発音をそのまま〈ひらがな〉や〈カタカナ〉で書いていくと、何がなんだか、まったく意味が通じなくなる部分が少なからず出てきます。この「聞き書き」や「聞き取り」を言語学ではトランスクリプションと言いますが、太安万侶は、稗田阿礼のことばを聞きながら、トランスクリプションしようとしたのです。

しかも、当時はまだ〈ひらがな〉も〈カタカナ〉もなく、書こうとすれば漢字しかありません。神様の名前も「あまてらすおおみかみ」「アマテラスオオミカミ」とか書ければいいのですが、書けません。

「アマテラス」を漢字の発音を当てて「安麻手等巣」と書いたりすることもできますが、これだと「安い麻で手作りなどした鳥の巣」みたいな感じになってしまいます。

これじゃダメだーっと、太安万侶は「アマ」は「天」の意味、「テラス」は「照らす」の意味だからと「天照」と書くのですが、こう書いてしまうと、「テンショウ」とか「テンテル」とか読まれてしまうかもしれません。

太安万侶は、どうやったら日本語を文字化することができるのかと頭を抱えて悩んだのです。

古代日本語から、現在我々が毎日、ほとんど無意識に使っている日本語まで、不思議なことはたくさんあります。

「こんにちは」の「は」は、なぜ「わ」と書いてはいけないのかなど。

本書では、さまざまな角度から、日本語の「不思議」に迫ってみたいと思うのです。

山口謠司

目次

Part I

変わり続ける話しことば

Part Ⅱ

日本語と世界のことばとのふれあい

Part Ⅲ

日本語を調べ、作ってきた人たち

Part Ⅳ

日本語のひろがり

本文デザイン&イラスト　宇田川由美子

Part I

変わり続ける話しことば

「ん」には少なくとも十六種類の発音がある

江戸時代にしりとりはなかった

しりとり、日本語の遊びとしてこれほどポピュラーなものはありません。

しりとりと言えば、ぼくがケンブリッジ大学の共同研究員としてパリに滞在していた時、日本学者ピーター・コーニツキ先生と二人で、バスティーユ広場からリパブリック公園までしりとりをしながら歩いたことを思い出します。

ピーターは、江戸語にはこんなものもあるでしょ？　と言いながら、ここでは書けない淫語なども披露してくれました。

大笑いをしながら次々に語彙《ごい》を交換して、結局、どちらかが「ん」が語尾に来ることばを出すこともなく、しりとりは終わってしまったのですが、ぼくがピーターに言いたかったのは、「江戸時代にはしりとりはなかったんだから、江戸語は出しちゃ、いけないよ」ということでした。

江戸時代には、我々がやるような「ん」が語尾に付くことばを言うと、マケというしりとり遊びはありませんでした。

でも、その代わりに「ん廻し」という遊びがあったのです。

大人も子どもも集まって、「ん」が付くことばを探します。

たとえば、こんな感じです。

最初の一人が「運」の「うん」だと言うと、次の一人が「雲烟《うんえん》」、次の一人が「安《あん》閑感《かんかん》」で「んが三つ」、次は「万々歳のちんちくりんで『ん』は四つだ」……こんなふうにして、「つんつんてんのぼんぼんの日本橋のてんてん手鞠の神田の安然坊主がポンポンと木魚叩いて、ナンマンダ、ナンマンダ」って、おれは「十七個だぜ」みたいにして、「ん」がたくさん付いたことばを、べらぼう式に作り出して勝利を叫ぶのです。

彼らは、勝つと茄子の田楽を仲間からおごってもらったりしていたようです。

この話、落語で耳にしたことがあるかもしれません。江戸時代初期に作られた『醒《せい》睡笑《すいしょう》』や『戯言養気集《ぎげんようきしゅう》』にも出てくる、ずいぶん歴史のある笑い話です。

はみ出し者の「ん」

さて、「ん」が最後に付いたら「負け」となる、現代の「しりとり」が始まったのは、明治時代になって、「五十音図」が日本語教育に導入されて、「ん」が枠外に置かれたのをみんな「部外者」のようにして笑い始めてからのことでした。

すでに本居宣長《もとおりのりなが》（一七三〇〜一八〇一）が触れていることですが、日本語には「ん」で始まることばはありません。

それに「ん」は、母音「あいうえお」の仲間かと言えばそうではなく、じゃあ「かきくけこ」や「さしすせそ」のような子音と母音の組み合わせでできているかと言えば、そうでもありません。

なんとも言えない、不思議な音なのです。

じつは、「ん」と書かれてはいますが、現代の日本人は、「ん」を最低でも十六種くらいの音の区別をしながら発音していると言われています。

「パンを食べる」

「パン買いに行こう」

「パンが焼けた」

この時発音する「ン」をじっくり観察してみて下さい。

それぞれ「ン」の音色や、発音を調整している口の中の動きが異なるのです。

Part Ⅰ

変わり続ける話しことば

Hの発音は日本語からも消えつつある

Hを発音しないのはフランス語だけではない

フランス語では「Hは発音しない」ことは多くの方もご存じかと思います。私の妻（フランス人）に「ふとんを干そう」と言うと「うとんを、おそう」と言われます。

ただ、「H」の発音が苦手なのはフランスに限ったことではありません。アメリカ人の友達に「カム、ヒア」と言うと、「ユー　カム、イア（お前こそ、こっちにこい）」と言われました。

韓国の留学生に「コーヒー飲みに行こう」と言うと「はい、コピーですね」と言われます。フィリピンの人に、「フィリピンは暑い？」と訊くと「ピリピンは涼しいよ」と言われます。

さまざまなことばを扱う人々で「H」の発音を苦手とする人が多いように思えます。ことばというのはじつに面白いものだと、考え始めると眠れなくなってしまいますね。

フランス人は、日本語の「ハヒフヘホ」の発音ができません。そもそも「H」の発音ができないのです。「ホテル」は「オテル」、「ホステス」は「オテス」になります。「ホッとするね」は「オッとするね」、「ふとん」は「うとん」、「ほす」は「おす」になってしまいます。

フランス語から「H」の発音がなくなってしまったのは、一六〇〇年頃です。もう四〇〇年以上も前に、「H」の発音はフランス語には必要ないとなくしてしまったのです。

今、英語からも「H」の発音は、なくなりつつあります。「Come here」を、ぼくの友人のように「カム　イア」と発音する人たちが増えているのです。

いずれ、日本語の発音からも「ハヒフヘホ」がなくなる日が来るでしょう。いつのことか分かりませんが。

今も残る奈良時代の発音

不思議なことに、今から一三〇〇年ほど前の日本、ちょうど、『日本書紀』が編纂され、藤原不比等《ふじわらのふひと》が亡くなる時期ですが、日本人も「ハヒフヘホ」の発音をすることができませんでした。

ただ、フランス語や英語のように「H」の発音が失われて、発音できなかったわけではありません。

「母」は「パパ」、「日本」は「ニポン」、「藤原不比等」は「プディパラノプピチョ」と呼ばれていたのです。

韓国の人が「コーヒー」を「コピー」、フィリピンの人が「フィリピン」を「ピリピン」と発音するのと同じです。

じつは、現代日本語の「ハヒフヘホ」という発音は、奈良時代まで遡《さかのぼ》ると「パピプペポ」と発音されていたのです。

「パピプペポ」が、現代の我々が発音する「ハヒフヘホ」に変わるのは江戸時代になってからです。

「日本」という国号を「ニホン」と読むのがいいのか、「ニッポン」と読むのが正しいのかという議論がありますが、日本語の歴史から言えば、この議論はナンセンスです。

日本語に限らず、発音は変化するものだからです。

奈良時代の人には、「日本」は、「ニポン」あるいは「ニッポン」としか発音できませんでした。「ニホン」と発音することはできなかったのです。

同じように「母」を「ハハ」と発音することはできませんでした。
「母」は、「パパ」と呼んでいたのです。
のどかな春の朝、子どもがお母さんに向かってこんなことを言っています。
「パパウェ、パティァケのパナがピラきまツィティァ（母上、畑の花が開きました）」
沖縄や宮古、八重山方言では「針」を「パリ」と発音します。
これは、奈良時代の「パピプペポ」がそのまま残っているからなのです。

「しとしと」と「じとじと」の違い

日本語習得が最高難度の理由は？

日本語は世界のさまざまな言語のなかでも習得が難しい言語として知られています。アメリカ国務省発表の「外国語習得難易度ランキング」では、唯一日本語だけが最高難易度ランク5＋に分類されているほどです。

その理由はいくつか考えられますが、たとえば、

・「こんにちは」の「は」はなぜ「ワ」と発音するのか？
・なぜ、日本語は〈ひらがな〉と〈カタカナ〉と漢字を混合して使うのか？
・日本語の動詞は、なぜ「ウ」段で終わるのか？
・『源氏物語』を教えて下さいと頼まれたら？

高校までにひととおりは古典も教わってきているのに、こんな基本的なことでも、

答えることができる人はほとんどいないのではないかと思います。日本語や言語学の専門家でも、なぜ日本語の動詞がすべて「ウ」段で終わるのか分かっていないのですから。

また、日本語を自在に使うと言っても、それでは川端康成のように表現力のある文章が書けるか、または往年の名司会者・高橋圭三のように司会ができるかと言われると、これもまた「難しい」ということになるでしょう。

二人のような筆力、司会力を持っている人は、もう二度と現れないのではないかと思います。

冒頭の清音と濁音の差に敏感な日本語

さて、そこまで日本語を極めずとも、外国語を母語とする人たちにとって、日本語の一番難しいところはどこなのでしょうか。

そのひとつが、日本語ならではの「語感」です。

「しとしと」と「じとじと」

「するする」と「ずるずる」

「ぱりぱり」と「ばりばり」
「けろけろ」と「げろげろ」

典型的な日本人であれば、これらの「清音」と「濁音」で始まることばの語感の違いを、説明できなくても、感じることはできますね。

外国語を母語にしている人には、それぞれのことばがそれぞれ異なる意味だとは分かっても、それを感じることができないのです。

虫の音色を聞いて美しいなぁ、哀しいなぁなどと思うのは、万葉の時代から受け継がれてきた日本語の教育を受けてきた人だからであって、外国語を母語としている人にとって虫の音は、ただうるさい雑音に過ぎないのです。

それから、日本人がお天気の話をするのも、外国語を母語にする人たちにとっては「なんで、日本人は天気の話ばかりするの?」と、じつは不思議で仕方がないことなのです。

濁音と清音に敏感で、虫の音に「もののあはれ」を感じ、時候の挨拶で会話を始める日本語の世界を理解すること自体、外国語を母語にする人たちにとって、まったく異なる次元の出来事なのです。

彼らにとってマンガの面白さも、じつはこの「異次元」にあります。日本語を話す日本人という人種は、外国人からすれば別世界の異星人のようなものなのです。

それが分かると「日本語は簡単だ」ということばが、ガラパゴス化した日本人ならではの戯言《たわごと》であり、平和ボケした日本人ならではの虚誕《きょたん》だということに、頓悟《とんご》せざるを得ないのではないでしょうか。

あぁー、現代の日本人は、語彙もプアーになりつつあります。「虚誕」や「頓悟」もすでに「難しい日本語」かもしれません。

手強い訓読みと音読みの区別

なぜ飛鳥も明日香も「あすか」？

現在、小学校の六年間で、子どもたちは一〇二六字の漢字を学びます。新聞、雑誌、書籍、ネットなどで十分に情報を得、また発信するために知っておく必要がある「常用漢字」は、二一三六字です。これだけの漢字を知っていれば、生活に困ることはありませんが、小学校では、その総数の半分を習うのです。

語学は若い時から慣れ親しんだほうが覚えが早いと言われます。漢字も同じです。早く覚えてしまえば、応用、連想によって次から次へと簡単に覚えていくことができます。もちろん、覚え方の基本を間違わないようにすることは大切です。

ところで、ここでは、誰もが不思議に思う漢字の「訓読み」と「音読み」について触れたいと思います。

たとえば、「飛鳥」を「あすか」と読むのはどうしてなのでしょうかという質問を頂くことがよくあります。

「明日香」も「あすか」と読むのですが、これもどうしてですか?

原日本語に結びついた読み方

はるかに遠い昔のことに思いを馳《は》せてみましょう。

縄文時代、あるいは石器時代、もしかしたらもっと前から、「日本」と、今、呼ばれるこの島国に現代「日本語」の原型になるようなことばを話している人たちがいました。

朝鮮半島から九州が陸続きで、北海道も千島列島が北方の現・ロシアと地続きで、日本海が湖のようになっていた時代、南方からも北方からも移り住んで来たのでした。その人たちが会話に一番適した言語として創り出したのが、原日本語です。もちろん、こうしたことばは、記録に残っていませんので、まったく詳しいことは分かりません。

ただ、中国大陸では紀元前一五〇〇年頃に殷《いん》王朝が建てられ漢字を使い始めます。そして紀元前一〇〇年頃までには『史記』という大部の歴史書が書かれるほどまでに漢字は発達し、東アジア全体の公用語として使われるようになるのです。「漢字文化圏」と呼ばれます。

さて、話しことばしかなかった日本に、漢字をよく知った中国大陸の人、朝鮮半島の人たちがやってきます。

そして、漢字で地名、人名などを「こう書いたら?」と教えていくのです。「飛鳥」「明日香」もそうでしょう。

「飛鳥」と書かれた地名を「ヒチョウ」と読むこともできます。同じように「明日香」を「ミョウニチコウ」と読むことも可能です。

でも「ヒチョウ」「ミョウニチコウ」という読み方は、漢字の発音に基づく読み方です。これは、中国語の発音に基づいた読み方なので「音読み」と言います。

でも、その土地の人たちは、「飛鳥」「明日香」と書かれても、昔からの原日本語の呼び方で「アスカ」と呼んだに違いありません。漢字で「飛鳥」「明日香」と書かれても、中国語の発音によらず、昔ながらの読み方で「アスカ」と読むのが「訓読み」と言われるものです。

音読みと訓読みが違うものはたくさんあります。

「空」を「クウ」と読めば、音読みです。古代の中国人が、日本人に大空を指差して、「あれは空と書いて、クウと読むのだ」と教えたに違いありません。

そうか、文字としてはこう書くのかと思って、日本人も「空」と書くのですが、でも自分たちはあれを「ソラ」と呼んできたんだよなといって、昔ながらの呼び方で「そら」と呼び続けるのです。

「動」も「ドウ」と読めば「音読み」です。「うご（く）」と読めば「訓読み」です。

漢字を覚え始める小学校一年生に、この音読みと訓読みを分からせるのは、至難の業なのです。

「い」と「ゐ」は別の発音だった

書き方が変わったら意味も変わった

さきに「母」は、古代日本語では「パパ」と発音されていたという話をしました。現代日本語では「はひふへほ」と書いて「ハヒフヘホ」と発音しますが、まだ〈ひらがな〉や〈カタカナ〉がなかった頃の『古事記』、万葉の時代、日本人は「万葉仮名」で「波比富辺保」と書いて「パピプペポ」と発音していたのでした。

すでに触れたように「ハヒフヘホ」という喉から出す音は日本語にはなかったのです。

また、平安時代後期（『源氏物語』が書かれる頃）まで、「サシスセソ」と言えず「ツァツィツゥツェツォ」、「タチツテト」が言えず「ティア、ティイ、ティゥ、ティエ、ティオ」と発音していました。

「父」は「チチ」ではなく、「ティィティィ」と発音していたのです。

さて、発音が変わっても「さしすせそ」「たちつてと」という表記に変化はありません。人間の性格が何かの影響でまったく変わったにもかかわらず、外見は何も変化がないようなものです。

ところが、外見がサッパリしたら、その人の性格がまったく変わってしまったという場合もあります。

日本語も書き方が簡単になったら、意味がまったく変わってしまったという例があります。

「こんにちわ」が正しい？

分かりやすく説明するために、「犬がいる」という文章を旧仮名遣いの〈ひらがな〉で書いてみたいと思います。

「いぬがゐる」です。

みなさんは、一般的にほとんど一九四六年四月以降に教育を受けて新仮名遣いで文章を書いていると思います（旧仮名こそ「伝統的」日本語の書き方だからそれを踏襲しているという方もありますし、旧仮名遣いを守っていたほうが、日本語に詳しくなりやすいのは確かですが）。

「いぬ」と「ゐる」、我々現代人は「い」と「ゐ」を同じ発音で混同してしまいます。

ところが、十三世紀の半ば、モンゴル軍が日本に襲来する一二七四年（文永の役）頃までは「い」と「ゐ」は区別して発音されていたのです。〈カタカナ〉でその違いを記しておきましょう。

「イヌ　が　ウィる」です。

本居宣長も「イヌ　が　イる」と発音していますが、ただ「伝統的」学習で「いぬがゐる」と書いているだけです。十三世紀半ばに両者の発音が同じになったということも知りません。

もし、「イヌがイる」という発音を紫式部が聞いたら、「犬が（そこに）いる」という意味ではなく、「犬が（どこかに）入る」という意味だと思ったに違いありません。「居（ゐ）る」と「入（い）る」は、十三世紀半ばまでまったく異なる発音で、異なる意味だったから、書き分けられていたのです。

ところが、この後、発音が混同されたにもかかわらず、「犬」は「いぬ」、「居る」は「ゐる」、「入る」は「いる」と書くのだと教えられて、それをあまり疑問にも感じずに踏襲してきたのです。

「入る」は、古語では「い―る」と読みますが、現代語では「はい―る」と読みます。これは「い―る」と読んだら、「居る（be）」なのか「入る（get in）」なのか、区別がつかなくなってしまうからです。

みなさんは、「こんにちは」と書くのと「こんにちわ」と書くのと、どちらが正しいと思いますか?

ぼくが「こんにちわ」と書くと、「バカって思われるわよ」と時々注意してくれる人がいます。パソコンの変換辞書も、「こんにちわ」と書くと自動変換して「こんにちは」に直してくれます。

でも、なぜ「コンニチワ」と発音するのに、「こんにちは」と書かなければならないのでしょう。

ぼくは、是非は別にして「こんにちわ」と書くほうが、新仮名遣いという現代日本語の原則に則して言えば、正しいのではないかと思っているのです。

グワツ曜日

「怪」の怪しい変化

「怪獣」や、「妖怪」が出てくるマンガ、お好きでしょうか。

「怪」という漢字は、「心」を表す「忄」と、右に「又」「土」の三つで作られています。

もともと、この漢字の意味は何なのでしょうか。

右側の「又＋土」は、土で作った人形を表します。「又」は、「手」を描いた象形文字の変形で、手で土を捏《こ》ねて作られた土偶を表すのです。

でも、縄文時代の土偶とか「異様」ですよね。

我々はすでに、教科書やネット、マンガなどでも見慣れていますから、親しみを込めた目で見ることができますが、あんなもの、まったく見たことがない人が見たら、びっくりして怖くなってしまうのではないでしょうか。

その「びっくりして怖くなる」ということを表すのが「怪」という漢字のもともと

の意味なのです。

さて、「怪」は、今は「カイ」と音読みしますが、旧仮名遣いの音読みでは「クヮイ」と書かれます。これは、明治時代の中頃まで、「怪」が実際に「クヮイ」と発音されていたからです。方言ではありません。東京の人たちもみんな「怪物」は「クヮイブツ」と発音していました。

「クヮイ」が「カイ」になったのは、人が話す速度が速くなったことと、文部省が小学生に、「クヮ」と「カ」の区別を教えない教科書を作ったからです。

もうすぐ消えそうな発音

それでは、次のことばが何と読むか、考えてみて下さい。

苦滑希潑阿痕

なんだか「苦しくて滑って、発泡スチロールに当たってケガをした傷痕がある」みたいなことばに見えますが、これは明治二十三（一八九〇）年に東京にいた陳天麒《ちんてんき》という清朝人が、日本人が「菓子パン」と発音しているのを聞いて、中国語の発音を当て字で書いたものなのです。

「苦滑希」＝「クヮシ」、「潑阿痕」＝「パァン」です。

「菓子パン（カシパン）」は、「クヮシパァン」と当時の日本人は言っていたのです。

それでは、これはどうでしょう。

　　掰烏滑欲皮

これは、「グヮツヨウビ」と読みます。「月曜日」です。「月曜日」は「ゲツ曜日」ではなく、当時の人は「グヮツ曜日」と言っていたのです。

もうひとついきましょう。

　　苦滑欲皮

もうお分かりですね。「クヮ曜日」と読みます。「火曜日」です。

「西瓜」は「スイクヮ」、「正月」は「ショウグヮツ」、「火事」は「クヮジ」と東京でも十九世紀の終わり頃まで発音されていました。

今でも外来語では「クァルテット」「クァトロ」などと書きますが、これもじつは「クヮルテット」「クヮトロ」などと発音しています。

明治三十三（一九〇〇）年、政府は「小学校令施行規則」（第二号表）を発布します。

この「規則」によって、小学校の教科書は「クヮ」「グヮ」という読み方をすべて「カ」「ガ」で書かれていくことになるのです。

今でもまだ東北、北陸、四国、九州の高齢の方々の中には、「西瓜」は「スイクヮ」、「正月」は「ショウグヮツ」、「火事」は「クヮジ」と発音する人もいらっしゃいます。

でも、もうあと十年後、二十年後には、こういう古い発音は、消え去ってしまうに違いありません。

「ベンキョウ」が「ベンキョー」だった時代

「ー」の記号はいつ出来た？

「あー！」「にゃー」「パワー」「スーパー」など、現代日本語を書くのに「長音符」と呼ばれる「ー」の記号は欠かせません。

でも、この記号は、いつからあるものなのでしょうか。

明治三十三（一九〇〇）年八月からです。

「帝国教育会国字改良部仮名調査部」という文部省の諮問機関で会議がまとめられ、小学校令のひとつとして「仮名遣いの一定として変体仮名を廃し、字音仮名遣いを改正する」ということを発布するのです。

「字音仮名遣い」とは、「話すように書く」ということを言ったものです。

はたして、同年出版された『尋常国語読本』から、この「ー」という記号が使われ始めるのです。

たとえば、「よいこども」という章には次のような文章が掲載されています。

◆尋常小学読本（国定読本第一期／明治37（1904）年〜明治39（1906）年刊）

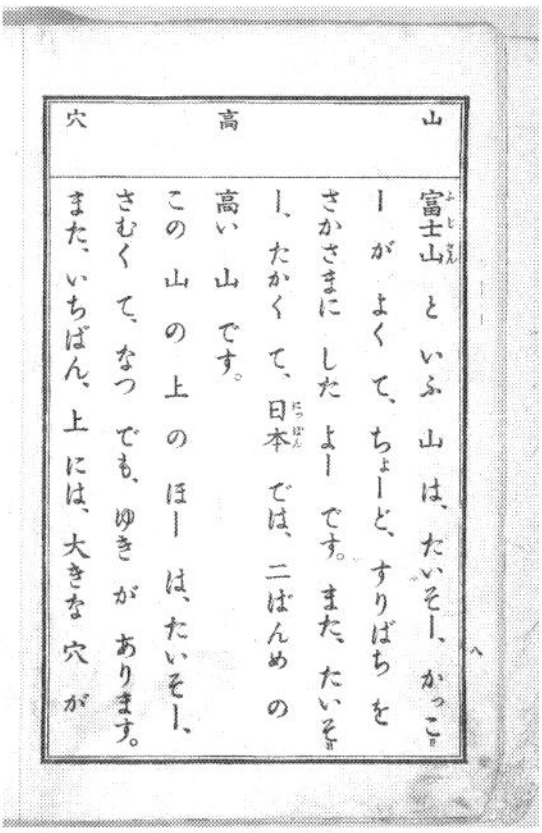
山　高　穴

富士山《ふじさん》 と いふ 山 は、たいそー、かっこー が よくて、ちょーど、すりばち を さかさまに した よー です。また、たいそー、たかくて、日本《にっぽん》 では、二ばんめ の 高い 山 です。
この 山 の 上 の ほー は、たいそー、さむくて、なつ でも、ゆき が あります。
また、いちばん、上 には、大きな 穴 が

人間文化研究機構
国立国語研究所所蔵

兄モ、弟モ、一ネンジュー、ヨクベンキョーイタシマシタ。（中略）父母ハ、二人ノコドモニ、ベンキョーノホービダトイッテウツクシイエヲ一マイヅツヤリマシタ

〈カタカナ〉漢字交じりの文章は、慣れないと読みにくいのですが、この文章に見える「一ネンジュー」「ベンキョー」「ホービ」は、漢字で書くと「一年中」、「勉強」「褒美」なのです。

現行の国語教育では、漢字については長音符を使わず「ウ」「オ」を使うことになっていますが、当時の教科書には「看病」は「カンビョー」、「小学校」は「ショーガッコウ」、「航行」は「コーコー」

と書かれているのです。

それでは、「長音符」がなかった時代はどのように書いていたのでしょうか。

「一年中」の「中」は、「ヂユウ」、勉強の「強」は「キヤウ」、「褒美」の「褒」は「ハウ」、「看病」の「病」は「ビヤウ」、「小学校」の「校」は「カウ」、「航行」は「カウ・カウ」と書かれていました。旧仮名遣いの音読みです。

先人の苦心の末に生まれた「ー」

漢字は旧仮名遣いで書けばいいのですが、江戸時代、すでにヨーロッパ諸国から、長い音のことばがたくさん入ってきます。

新井白石《あらいはくせき》（一六五七〜一七二五）は、一七〇八年に幕府の禁制を破って入国したイタリア人宣教師シドッチを江戸で尋問したりなどして、世界の地理に関することを『采覧異言《さいらんいげん》』という本にして遺しています。

その中に、「エウロ（これに傍線）パ」「ボ（これに傍線）ロニヤ」「ヲ（これに傍線）ランダ」など、長音の部分に「傍線」を入れるなどの工夫をしているのです。

そのことが分かるのは、白石が書いた『西洋紀聞』に「エウ（これに＜記号）ロパ」としたり、「ヲヲランド」と書いているからです。「ボロニヤ」は、残念ながら他の書物に出てきませんが、おそらく傍線が付いていることからすれば「ボーロニャ」と言っていたのかと思います。

イタリア人に会うと、「ボロニヤ」をどんなふうに発音するのかと質問するのですが、「ボローニャ」という人もあれば「ボーロニャ」と発音する人もいます。出身地によっても異なりますが、年代によっても異なります。

イタリア語の発音のことは、ぼくも専門ではないのでここで留めますが、長音のことばをどうしたら表せるのか、新井白石は悩んでいたのでした。

この問題を「ー」の記号で表すことに決めた人物を特定することはできませんが、それは上田万年《うえだかずとし》（一八六七〜一九三七）ではなかったかとぼくは考えています。

東京帝国大学文科大学に国語研究室を創った人物で、夏目漱石ともとても仲がいい人でした。

我々が、現在「ー」を使って長音を書けるのは、新井白石や上田万年などが、どうやったら〈ひらがな〉や〈カタカナ〉ではなく、他の記号を使って記録できるかという挑戦の結晶だったのです。

かろのうろんや

キリシタン宣教師が記した方言

生きていれば二〇二二年に、卆寿《そつじゅ》を迎えていただろう伯母（昭和七年生）が、ぼくと会うたびに言っていたことがありました。

耳底に残っているので、そのまま書いてみましょう。

「こがんこまかったころ、謠司ば岡崎につれていったら、すわっかすわらんかんときに、『ぼくうろーん！』っておおきかこえでいうてさ、ほんなごつはずかしかった―」

「こんなに小さかった頃、謠司を岡崎に連れて行ったら、座るか座らないかというのに、『ぼく、うどん！』と大きな声で言って、本当に恥ずかしかった」

長崎県佐世保市の中心にあった「岡崎」ももうなくなってしまいましたが、佐世保ではたぶん格式の高い料亭のひとつだったと思います。

伯母は、一つ年上の娘（ぼくにとっては従姉）とぼくを連れてよく岡崎に連れて行ってくれたのでした。刺身や天ぷら、子どもが好きなフライや鰻なども頂いたことを覚えています。

そんな料亭で「うろーん」とぼくが叫んだのは、三つくらいの頃（一九六六年頃）のことだったのではないかと思います。


もうひとつ、同じような話をしましょう。

ぼくは小学校二年生の一学期まで、現在の西海市大島町にあたる島に住んでいました。父の赴任先です。父母の実家のある佐世保までは連絡船でわずか一時間のところなので、方言などに大きな違いなどありません。

さて、小学校二年生の二学期に佐世保の小学校に転校し、その秋に西海橋という渦潮の名所に社会科の見学旅行に行った後、感想文を書かされ、みんなの前でそれを発表したのです。

教室中が大きな笑い声に包まれました。

「西海橋は、高くて、おっとろしかった」と、ぼくは原稿用紙に書いていたのですが、「おっとろしい」が可笑《おか》しいと言って、クラスのみんなが笑ったのです。

「おっとろしい」は「恐ろしかった」「おっそろしかった」の方言です。

「うどん」の「ど」が→「ろ」

「おっそろしい」の「そ」→「と」

であったことは、すでにポルトガル人イエズス会宣教師・ロドリゲスが書いた日本語の文法書『日本大文典』にも指摘されていますし、九州方言学会編『九州方言の基礎的研究』（一九九一年改訂版、風間書房）などにも触れられています。

もうまったく聞くことはできなくなってしまいましたが、博多では「かろのうろんやにいくばい」ということばが八〇年代末まで飛び交っていました。
「角のうどん屋に行くぞー」という意味です。
文末に「ばい」というのは、今もまだ残っているのではないかと思います。
「あんたのこと、うちはすいとっとばい」（あなたのことが、私は好きなのよ）
「なんばしよっとね？」（何をしているの？）
「そがんこと、心配せんでよかたい」（そんなこと心配しなくてもいいよ）
「なんばしもんのごと」（何様のつもりなのか）

「いっちょんすかんさねー」（大嫌いなのです）

佐世保出身だという学生がいたので、「なんば勉強したかと？」と訊くと、「うちでは方言は使いませんでした」と言われてしまいました。

「うどん」を「うろん」、「おそろしい」を「おっとろしい」と言って、笑ってくれる人ももうあと十年か二十年後にはいなくなってしまうのではないかと思います。

糸魚川・浜名湖線

方言も地質も境界は糸魚川・静岡

鉄道の路線ではありません。「東西方言の境界線」の名称です。

奈良時代から江戸時代後期一八〇〇年頃まで、わが国では京都や大坂のことばが、日本語の規範とされてきました。

「あずまことば」「東国方言」「東国語」という言い方はあっても「西国方言」などという言い方はなかったのです。

『万葉集』では、巻十四に「東歌《あずまうた》」、巻二十に「防人歌《さきもりうた》」が古い「東国方言」を記録したもので、それによれば越後を除いた信濃、遠江、駿河、伊豆、相模、武蔵、上総、下総、上野、下野、常陸、陸奥の十二国を「東」と呼ぶと記されています。

そして、「東国」との境である「飛驒」のことばは特徴的だと、『万葉集』のみならず平安時代後期に編纂された法令集『類聚三代格《るいじゅさんだいきゃく》』にも知らされています。

たとえば、『拾遺和歌集《しゅういわかしゅう》』（一〇〇六年頃成立）には「あずまにて養われたる人の子

◆語法から見た東西方言境界線

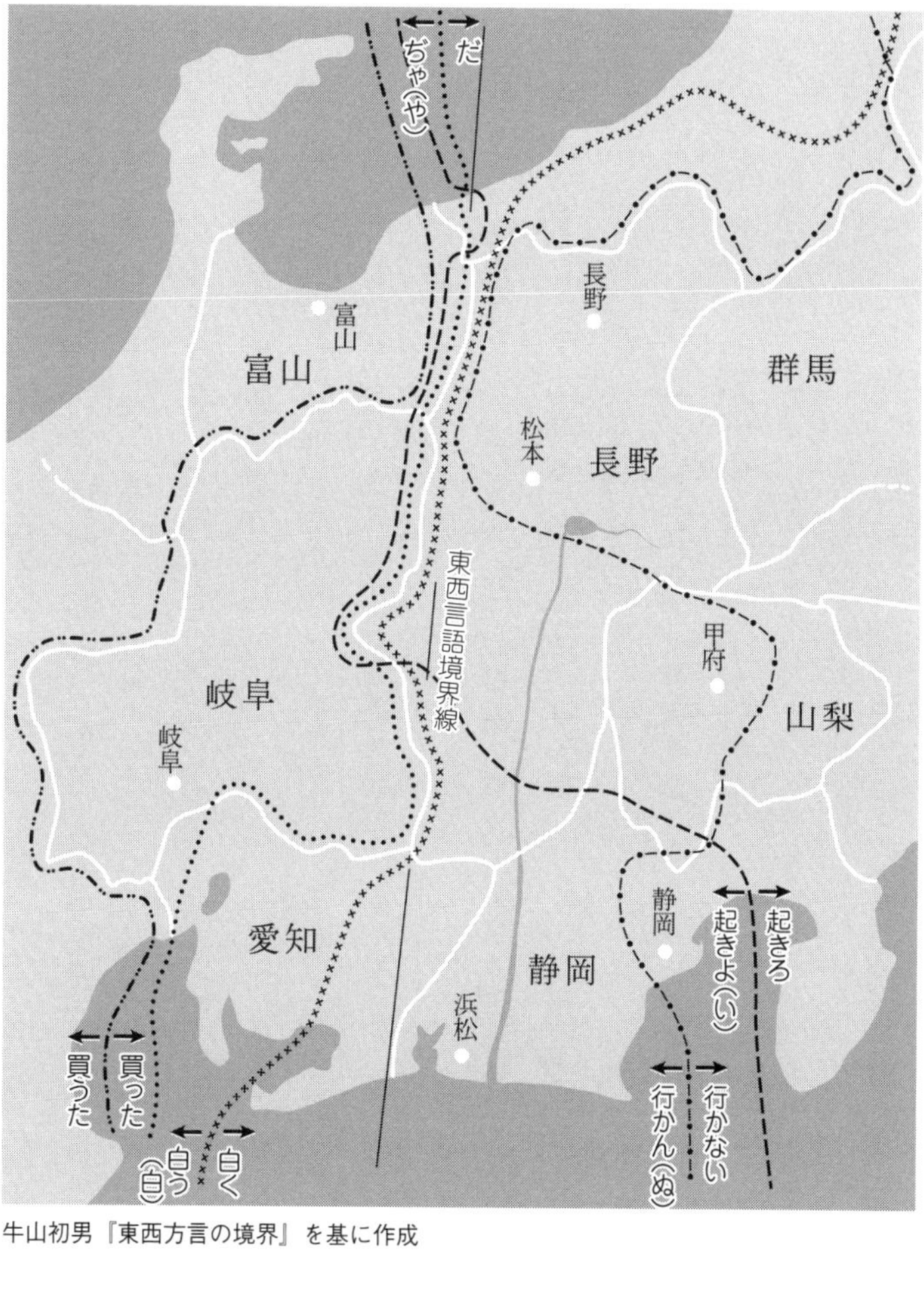

牛山初男『東西方言の境界』を基に作成

は、舌だみてこそ物はいいけれ」と記されています。「舌だむ」とは「ことばが訛って」という意味です。また『源氏物語』（宿木《やどりぎ》）にもこんな場面が記されています。

「何人ぞ」と問わせ給えば、声うちゆがみたる者、「常盤の前司殿の姫君の、初瀬のお寺に詣でて、帰り給うなり」

「誰であろうか」と尋ねさせなさると、言葉の訛った者が「前常陸守《ひたちのかみ》様の姫君が、初瀬《はせ》のお寺に参詣してお帰りになったのです」

『徒然草』には、東国武士出身の上人のことばは「荒々しい」と記され、またロドリゲス『日本大文典』にも「一般に、物言いが荒く、鋭くて、多くの音節を呑みこんで発音しない」などと記されています。

「食うべい」「読むべい」「探すべい」など、未来を表す助動詞「べい」が多用されるようになり「関東べい」と呼ばれることになります。

ところで、標準語制定のためにおこなわれた方言の実態調査『口語法調査報告書』の「口語法分布図概説」に「仮に全国の言語区域を東西に分タンとする時には、大略越中飛驒三河の東境に沿ひて其境界線を引き此線以東を東部方言とし、以西を西部方言とすることを得るが如し」と記されています。

この方言調査は、一九六九年には牛山初男『東西方言の境界』によって詳しく調べられ、さらに二〇〇一年の国立国語研究所の調査によってもほぼこれで間違いないことが確認されています。

室町時代以降にはすでにこの東西を分かつ方言の境界線が作られていたであろうと言われています。

具体的なことで言えば「居る」を「いる」、「茄子」を「ナス」というのは東側方言、「居る」を「おる」、「茄子」を「なすび」というのは西側方言と語彙などによっても分類されます。

日本の方言は、方言学者・東条操《とうじょうみさお》（一八八四〜一九六六）の『国語の方言区画』『日本方言学』『方言と方言学』『全国方言辞典』などによって学問として基礎的な研究がされていったのでした。

◆東条操の区画案

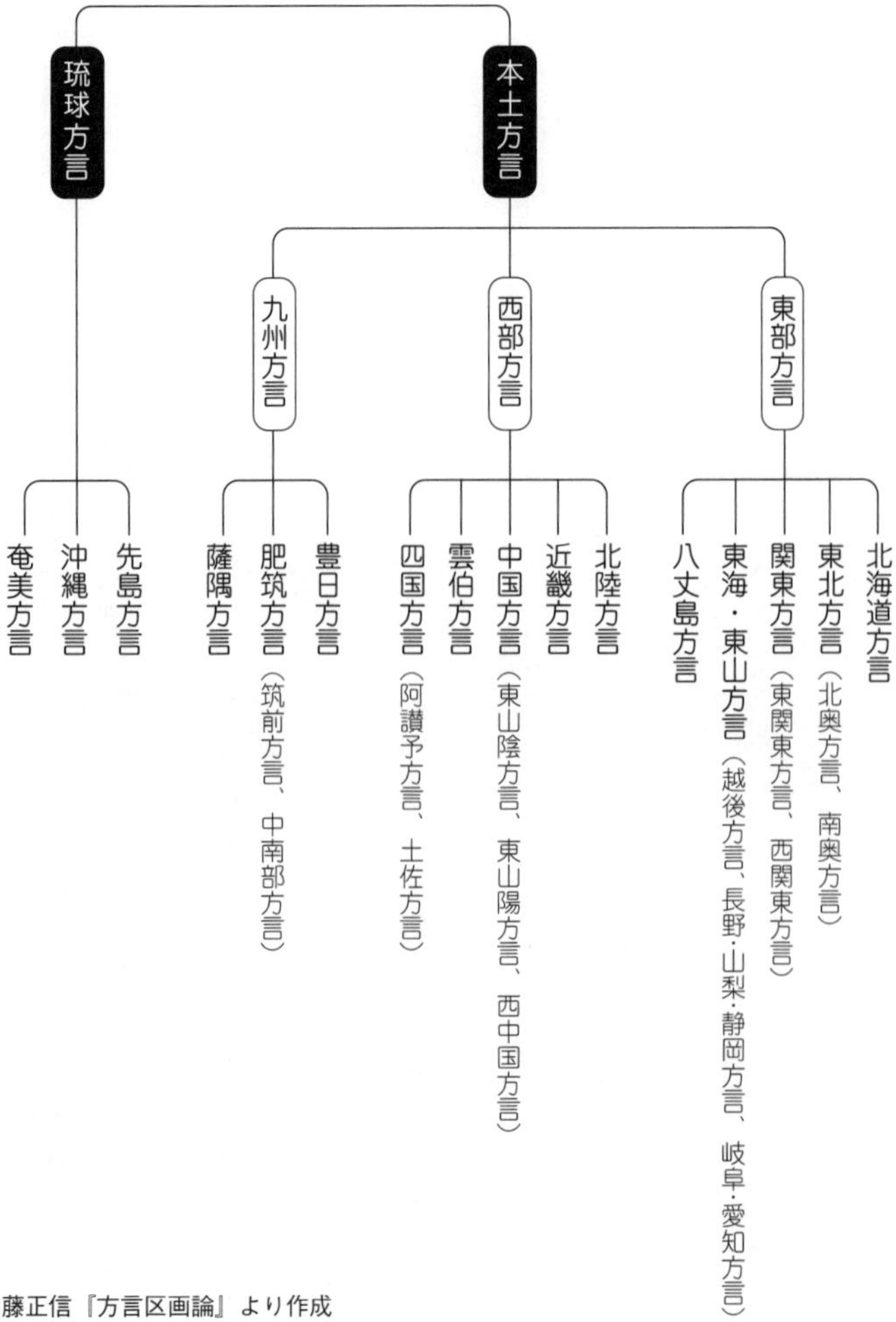

加藤正信『方言区画論』より作成

絶滅危惧「方言」

方言保護の驚きの政策

一九九〇年のことでした。

ぼくは大東文化大学大学院文学研究科博士後期課程を一年で退学し、ケンブリッジ大学の共同研究員として渡英しました。

当時は、盛んに「危機言語」についての研究が行われていました。テレビやラジオなどの普及によって、方言が失われつつあったからです。

今でも、世界中で毎年、数十種類の方言や言語が失われていると言われます。

アイヌ語、沖縄の方言については、別のところでお話ししたいと思いますが、子どもの頃からその地方に住み、都市部の言語とまったく干渉しないで、その地方の言語だけで暮らしてきた人を探し出すのは、もはや不可能に近いことになっています。

さて、この「方言」の保護については、ぼくが経験した面白い話を紹介したいと思います。

一九九〇年、アイルランドでのことです。

ぼくは、ダブリンのトリニティカレッジなどで日本古典籍の調査を行ったりしていたのですが、その時、ケルト語を専門にする言語学の先生と知り合いました。

話をしていると面白いことを教えてくれたのです。

なんと、アイルランド南方の方言保護区では、ラジオもテレビも聞かせないようにしてあるのだというのです。

さらに、こうしたところには、観光客も行けないようにしているのだと。

具体的にはバリーバーニー、ゴエイン・バッラなどに近いところだと、当時のメモを見ると書いていますが、もちろん、そういう場所には、ケルトの古い言語だけではなく、古い祭祀や慣習など民族学的にも興味深い文化が蓄積されているに違いありません。

ぜひ、連れて行ってほしいとお願いしたのですが、「もしかしたら東洋人とかも見たことない人たちがいるかもね」と、半分冗談なのか、真面目な話なのか分からないようなことを言って、結局連れて行ってはもらえませんでした。

中国大陸に起こった王朝のひとつ、東晋時代に陶淵明《とうえんめい》（三六五〜四二七）という人がいました。隠遁《いんとん》詩人の代表のような人で、古来、日本でも「飲酒二十首」などは好んで読まれてきましたが、陶淵明に「桃花源記《とうかげんき》」という話があります。かいつまんで紹介します。

ある漁師が、道に迷い、桃の花の林から洞穴を抜けてみると、なんだか竜宮城のような別世界の村に出てきてしまいます。村人に聞くと、「我々は、秦の始皇帝（紀元前二五九～前二一〇）の圧政を避けてここに来て、以来、外界との接触を持たずに暮らしてきているのだ」と。

漁師は、不思議に思って、帰ってからその地方の役人に話し、再びこの場所を訪れようとするのですが、決して見つけることはできませんでした。

その村は理想的なところだったというので「桃源郷」と呼んだのでした。

こんな話なのですが、ぼくはこの話を読むたびに、この漁師と逸民たちはどういうことばで話をしたのだろうかと思ってしまうのです。

中国語の発音も変わっている

すでに触れてきたように日本語も変化しますが、中国語も変化をします。紀元前二二〇年頃から陶淵明の時代までは、約六百年を経ています。

この間に中国語は、口蓋化《こうがいか》という現象が進んでいきます。詳しくは漢字音の変化のところで触れますが、この口蓋化の以前と以後とでは、おそらく話しことばは、通じなかったのではないかと思われるのです。

推理小説と同じで、後世の科学の発展からすれば、「あれ？」と思うことも少なくありません。

時代劇を作るのだってそうです。身に着ける物などの時代考証はやったとしても、現代と懸け離れた当時のことばまで忠実に復元していたら、何を言っているのか分からないことになってしまうでしょう。

アイルランドでの方言保存ですが、二〇〇〇年初頭までに当該地方にいる人たちの方言調査が行われた後、ラジオ、テレビ、インターネットなどが普及し、今は観光客も行けるようになっているとのことでした。

もう一度、アイルランドにも行ってみたいなぁと思うばかりです。

「五、七、五」という日本語のリズム

七五調は万能

さて、世界で一番短い定型詩と言われる俳句は、まさに「空気感」を両手に掬い取るようなものと言っても過言ではありません。

それにしても、俳句を作る時、指を折って数える「五、七、五」という日本語のリズムは、日本人にとってはとっても耳馴染みのいいものです。

コマーシャルなどをよく聞いてみてください。

とくに、七五調のキャッチフレーズで作られたものがいかに多いことか。

本を売るならブックオフ（BOOKOFF）
セブン　イレブン　いい気分（セブン－イレブン・ジャパン）
亀田のあられ　おせんべい（亀田製菓）

標語なども、ほとんど同じ調子で作られています。

灯せ！　心の警報器
亀の甲より年の功
渡る世間に鬼は無し

歴史の勉強をしていても、用語や年号は、リズムが七五調だと覚えやすくなります。

墾田永年私財法
鳴くよ《794》鶯、平安京
行くよ一《1941》発、真珠湾

それから、演歌や歌謡曲などもそうです。演歌に限らず昭和歌謡と呼ばれるものはほとんど、五と七のリズムで構成されています。
自分で詩を書こう、コピーを作ろうと思う人は、この「五」と「七」の音の並びを意識してみるといいと思います。

ところで、この「五」と「七」のリズムは、文法や論理を超越する力を持っています。もし、みなさんが、ヨーロッパ的な意味での論理に縛られた文章を書こうとすれば、きっと主語と述語、目的語や補語などということを考えなければなりません。

たとえば、契約書のようなものです。

甲は、乙に対して、支払いの義務がある。もし、支払いが滞った場合は、乙は、甲に対して、その旨を文書で通達し、支払いを要求することができる。

これを七五でやってみましょうか。

甲よ、乙に金払え。払わなかったら、その時は、乙はお手紙出して、おー金払えと言うが良い。

漫才か小唄のような感じになりますが、「ほんわか」していていいですね。

じつは、この「ほんわか」さこそ、日本人的な情緒を作り出す、日本語のリズムだったのです。

「お」と「を」はどう違う？

ところで、「ほんわか」は、英語ではソフト？　スウィート？　ラブ？

ひとことでは決して表せないことばです。

同じように、英語に訳しにくい日本語はたくさんあります。「粋」とか「風流」などはそうでしょう。ただ、こうした名詞は、なんとなく他のことばで言い替えたり、説明したりはできそうです。

しかし、もし、日本語の「を」って何？　と訊かれたら、どうしましょう。

もちろん、「を」は「目的格を表す助詞」と答えることができるでしょうが、これでは誰も何も具体的には分かりません。

もうひとつ、みなさんよくご存じの芭蕉《ばしよう》の俳句を紹介して、「を」は何かということを考えたいと思います。

五月雨をあつめて早し最上川

雨が毎日、降り続く。最上川の濁流が目の前をものすごいスピードで流れていきます。芭蕉は、そんな情景を見て、これを一句にしようと思ったに違いありません。

みなさんも、ぜひ、同じような光景を思い浮かべて下さい。ただ思い浮かべるだけではなく、ずっと山路を歩いてきて、見晴らしのいい場所に出たら、目の前に急に、今までまったく見たこともなかった濁流の最上川が恐ろしい勢いで流れている風景に出くわしたのだと驚きと一緒に感じて下さい。

「を（うぉ）ーーー！」っと思いませんか？

はたして、この驚嘆の「を（うぉ）ー」が、「目的格を表す助詞」の素なのです。

みなさんは、先生やお父さん、お母さんから、よく、

「勉強しなさい！」

と、言われませんでしたか？「あぁ、勉強しなきゃならないよなー」と思うかもしれませんが、もし、

「勉強『を』しなさい！」

と言われたらどうでしょうか？

「あぁーー、他のことはしないで、勉強しないといけないんだ」と思うのではありませんか。

「コーヒー下さい」と「コーヒーを下さい」、「カギかけて」と「カギをかけて」な

◆「てり」と「むくり」の構造

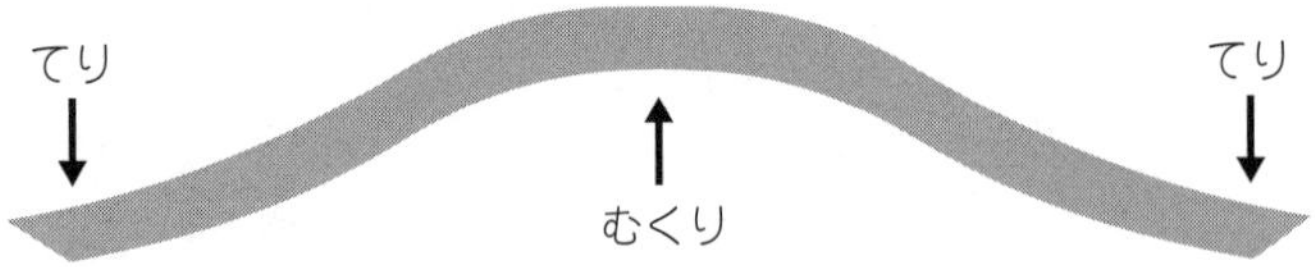

ど、「を」のあるなしで、まったく雰囲気が変わってしまうのです。

俳句でよく出てくる「や」って何?

ヨーロッパの建築の特徴は「同型の反復」、日本の建築の特徴は「異型の調和」だと言われます。

ギリシャの神殿にしても、ルーヴル美術館にしても、同じ間合いに柱を入れて、左右対称の建築様式で創られています。安定感、威圧感を与えるという意味では、ヨーロッパの建築は、まさにヨーロッパの言語構造によく似ていると思います。

これに対して、日本建築の特徴である「異型の調和」を象徴する「照《て》り起《むく》り」は、神社やお寺などの屋根に見られるものです。

この「照り起り」を使った代表的な建築はなんと言っても、西本願寺の「飛雲閣《ひうんかく》」（国宝）でしょう。

豊臣秀吉の聚楽第《じゅらくだい》を移築したものだと言われますが、「異型の調和」を見事に創り出しています。

「照り起り」は、もともとは、木材が反ったり、ひねったりむくんだりする自然現象を利用したものだとも言われますが、俳句でよく使われる「や」ということばは、じつはこの「照り起り」のようなものなのです。

松嶋やあぁまつしまや松嶋や

俗説では、芭蕉が現在の宮城県松島湾内の小島のあまりの美しさにこういう俳句を作ったと言われていますが、今ではこれは、その俗説をヒントに、江戸後期の狂歌人・田原坊《たわらぼう》が詠んだものとされています。

ところで、「五月雨をあつめて早し最上川」では「ウォー」という叫びに似た驚嘆が「を」という助詞を生み出したという話をしましたが、「や」は、驚嘆、超越する時間感覚、詠嘆、親しみを込めた呼び掛け、断定など、あらゆる感覚を表す「音」なのです。

助詞、感動詞、接尾語など、品詞分解ではいろいろに分類されますが、品詞は、文章の解釈があって初めて生まれてくるもので、「品詞」があってことばが生まれてくるわけではありません。

「や」とは、なんとも言えない湧き上がる感情を、「照り起り」して表現する、日本語に不可欠の「音」であり「文字」なのです。

俳句だけではなく、能、狂言、歌舞伎、演歌でも「や」という音を聞くことが多いのは、そのためなのです。

和歌と俳句の違いって何？

語彙が豊かになってくると、和歌や俳句も作ってみたいなぁという気持ちになるかもしれません。

上手、下手など関係ないのです。

一生のうち、一句、一首、自分で納得できたと思うものが出来れば、それだけで宝くじに当たったようなものと思えるに違いありません。

作ること、詠むこと、心に感じたことを、自分なりのことばにすることができれば、これ以上に嬉しいことはないのではないでしょうか。

ところで、「(和)歌」と「俳句」を作る時に、気をつけておくといいことを記しておきましょう（ここでいう「（和）歌」は「現代短歌」を意味しません）。

歌は、自分が知らない世界を、自分の心の中に受け止めていくという感じで作っていくものだと思えば、作りやすくなるのではないかと思います。

一日、一瞬として、同じものはありません。仏教で言えば「諸行無常」と言われるものでしょう。旅に出ても、日常の生活をしていても、季節の移ろい、人の心の変化、あらゆる瞬間を、心に受け止めるのだと思って「歌」は作られてきました。

五七五七七という日本語のリズムは、それをちょうどいい形で受け止めるものだったのだろうと思います。

これに対して、俳句は、和歌の「七七」を取り去った形になっています。

じつは、この「七七」なしが、「歌」とはまったく逆の効果を発揮します。

それは、自分をまったく外の世界に投げ出してしまうという力です。

歌が自分の心の中にすべてを受け止めるのに対して、俳句は、自分を透明にして、自然や時の流れに委ねてしまう作用があるのです。

「照り起り」という話をしましたが、和歌と俳句は、まさに「照り起り」の関係で作られたものなのです。

Part Ⅱ

日本語と世界のことばとのふれあい

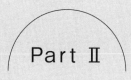

絵文字は平安時代から使われていた

絵文字は歴史のある表現方法

みなさん、「絵文字」をお使いですか？

LINEやメール、SNSなどに「絵文字」を使うと、メッセージを柔らかくしてくれます。

毎朝、お友達に送る「おはよう」ということばの後に、太陽や雨の「絵文字」を添えたり、「楽しんでね」にニッコリ「絵文字」を付けたりすると、相手を思う気持ちがさらに増します。

じつは、「絵文字」は日本の平安時代の文化に由来します。

絵文字が流行したのは、清少納言が『枕草子』を、紫式部が『源氏物語』を書いていた時代です。

天皇家を中心とした、いわゆる「王朝文化」が花開いた時代です。

天皇家を継承していくのは、すでにこの時代には「男子」ということになっていました。今に続く「男系継承」の「伝統」です。

ここに藤原家など有力貴族の家に生まれた女性が嫁ぐのです。天皇家と「縁戚関係」を作ることは、自分たちの社会的地位、そしてそれに基づく経済力を安泰にするのにとても重要なことだったのです。

ところで、当時の婚姻形態は、「通い婚」と呼ばれるものでした。

女性が外に出ることができないからです。

オオカミや野良犬はいっぱいですし、盗賊やら追い剝ぎやら野蛮な人たちがどこから現れるかもしれません。それに、当時は、幽霊や化け物、妖怪などが徘徊するようなところだったのです。よほどの警護がなければ、十二単《じゅうにひとえ》など動きもままならない着物を着た女性が、外に出ていくことなどできなかったのです。

もうひとつ付け加えておくと、雨が降ればぬかるむ道、しかも車は牛がノロノロと引く牛車です。辺りには牛の糞だけでなく、餓死した人の遺体だとか髑髏《しゃれこうべ》なんかもゴロゴロ転がっていたに違いありません。

貴族の女性たちは、寝殿造りと呼ばれる、壁もない吹きさらしの家に屛風などを立てて暮らしています。ロウソクがあると言っても、暗くなってから本を読んだりするには役に立たないくらいの灯りです。時計もありませんから、日の出とともに起きて、日の入りとともに寝ます。華やかな王朝文化とか言いますが、現代から考えればまだ原始時代みたいなものだったのです。

「Ｅｍｏｊｉ」として世界へ

ただ、そんな時代でも、男も女も和歌をやりとりして、愛を紡いだのです。当時のラブレターには、「絵文字」が巧みに使われています。当時は、「葦手《あしで》」と呼ばれていましたが、たとえば、藤原公任《ふじわらのきんとう》の「葦手歌切《あしでうたぎれ》」にはこんな絵文字が使われています。

あさみどり いと よりかけて白露を
たまにもぬける はる の やなぎか
（僧正遍照　浅緑糸よりかけて白露を珠にも抜ける春の柳か）

「あ」と「ぬ」は葦の葉っぱ、「や」は首の長い鳥、「の」は雲だろうと言われています。

さて、「絵文字」ということばが、国際的な表記「Ｅｍｏｊｉ」と書いて全世界に通じるのをご存じでしょうか？　ただ「Ｅｍｏｊｉ」の「Ｅ」は、「絵」ではなく、

◆藤原公任の「葦手歌切」

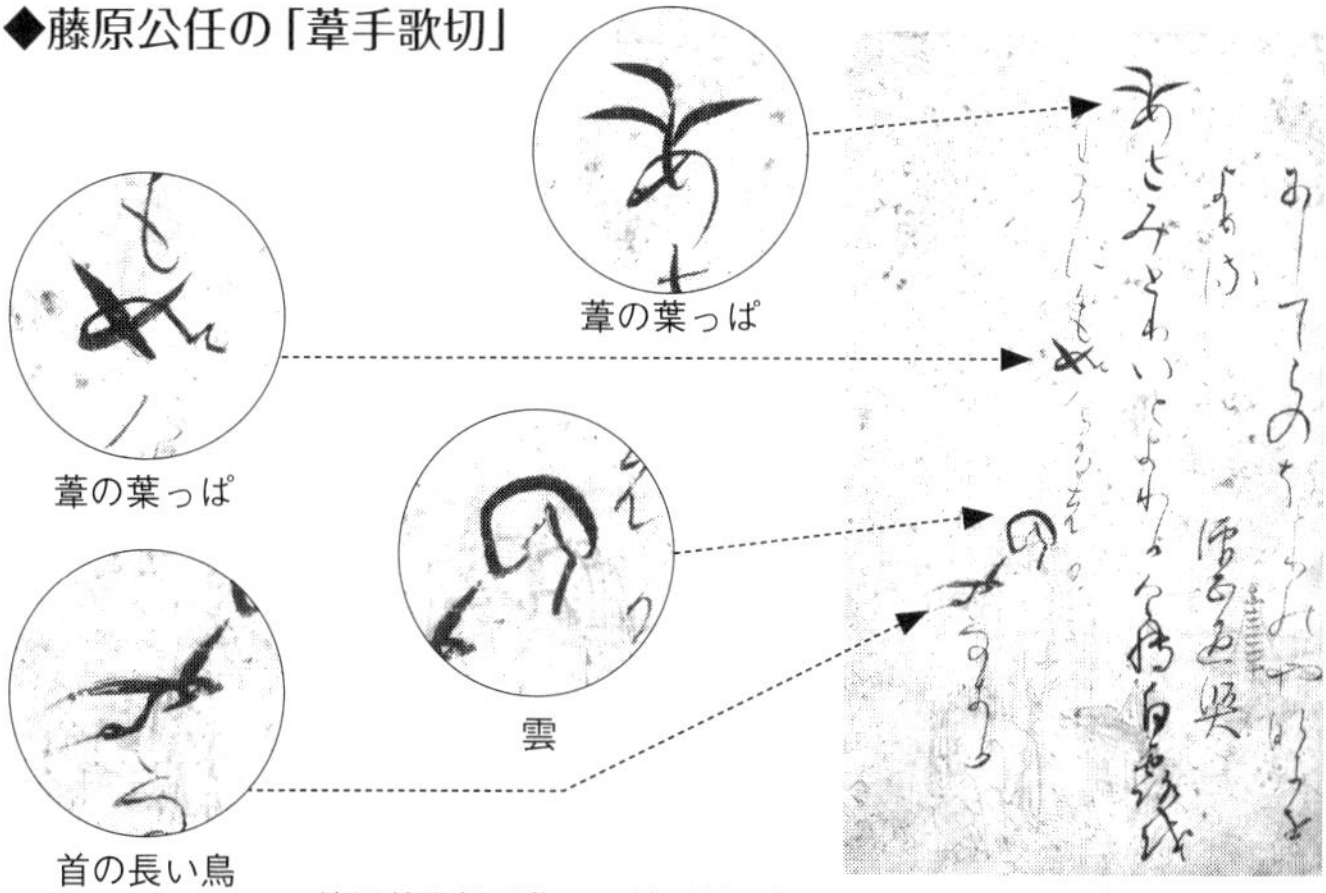

徳川美術館所蔵　© 徳川美術館イメージアーカイブ /DNPartcom

「エモーション」「感情」ということを表します。

ところで、つい最近のことですが、フィンランドでは自国の文化を象徴する政府認定の「Ｅｍｏｊｉ」が五十六個も作られました。

たとえば、白鳥の「Ｅｍｏｊｉ」は、忍耐や永遠の愛を意味するものとして使われるのだそうです（https://finland.fi/ja/emoji/）。

「絵文字」から「Ｅｍｏｊｉ」へ、日本の文化は世界に向かって発信を続けているのです。

イギリスに伝わった最初の日本語

スペイン・ポルトガルからイギリス・オランダへ

一四一五年、わが国では足利義持が室町幕府、第四代将軍として在任していた時代です。ポルトガルがジブラルタル海峡を越えてアフリカ北部のセウタを攻略します。この時のポルトガル王国の王子、エンリケ（一三九四〜一四六〇）は、冒険事業家として、また冒険家たちのパトロンとして「大航海時代」の幕開けに大きな足跡を残した人でした。

王子自身は、航海に出たことはありませんが、エンリケは、今に至るまで「航海王子」とも呼ばれます。

王子は、一四一五年のセウタ攻略から一四四〇年代までに、アフリカ西海岸航路やインド航路の開拓を試みる事業を展開するのです。

王子没後になりますが、一四八八年のバルトロメウ・ディアスによるアフリカ最南端到達と喜望峰発見、一四九八年のバスコ・ダ・ガマによる喜望峰を経てのインド航路の発見は、すべてこのエンリケ航海王子の事業の発展によるものだったのです。

さて、ヨーロッパで始まった大航海時代は、わが国にも大きな影響を与えます。

一五四九年、フランシスコ・ザビエル（一五〇六〜一五五二）が日本にやってきてキリスト教布教を始めたこと、一五八二年に九州のキリシタン大名、大友宗麟・有馬晴信、大村純忠が四人の少年をローマ教皇のもとに使節として派遣したこと、また一六一三年には伊達政宗がスペイン国王・フィリペ三世、ローマ教皇に、支倉常長を副使として慶長遣欧使節を派遣するなど、ヨーロッパとの関係が作られていくことになるのです。

もちろん、一六一二年と一六一四年にはキリシタン禁止令が出され、スペイン、ポルトガルとの直接的な交渉はなくなりますが、江戸幕府は、一六〇九年に、オランダ東インド会社との間の貿易を開始します。

こうして、平戸藩主・松浦隆信は、まもなく平戸にオランダ商館を誘致するのです。

初代商館長は、ヤックス・スペックス（一五八五頃〜一六五二頃）で、一六一三年まで商館長を務めています。

イギリス商館長・コックスの日記

ところで、「東インド会社」と呼ばれるものには、オランダ王国が管轄したものと、イギリスが管轄したものと二つがあります。

イギリス東インド会社は、エリザベス一世の勅許によって作られた貿易会社で、インドからジャワ、マレー半島、中国広東や台湾までの広い領域を股に掛けて貿易を行っていました。

イギリス東インド会社も平戸に商館を置きますが、これはウィリアム・アダムス(一五六四〜一六二〇)という、徳川家康から信頼を得たイギリス人がいたからです。家康は、ウィリアム・アダムスに「三浦按針」という日本名を与えて外交顧問としますが、按針は、家康とイギリス国王との間に貿易を締結させるのです。

イギリス東インド会社の初代日本商館長は、リチャード・コックス(一五六六〜一六二四)という人物でした。

彼は、一六一五年から一六二二年に及ぶ『イギリス商館長日記』を残しています。ただ、アンボン事件(アンボイナ事件)にともなうイギリス商館の閉鎖と同時に日本を離れてしまいます。

さて、リチャード・コックスの『イギリス商館長日記』は、現在原文訳文とも、金《かな》井圓《いまどか》、五野井《ごのい》隆史《たかし》両氏が中心となって編集された『日本関係海外史料　イギリス商館長日記』によって読むことができます。

そして、この日記のなかに、

their is 300 boze (or pagon pristes)
「三百人の坊主（あるいは異教の司祭たち）がいる」

ということばが書かれています。

今の日本語であれば「坊主」と書かれるものです。なお「their」は古英語の綴りで、現在の「there」です。

Bonso, boze, bosses (複数形), bonze などということばも見えますが、おそらくこの「ボーズ boze」は、英語表記になってイギリスに伝わった最初の日本語の語彙のひとつということができるでしょう。

「餅」は「ミュショ」？

発音をそのまま表記しているけれど……

もうひとつ、平戸にイギリス商館があったことによって、ＯＥＤ（オクスフォード英語辞典）に収まることになったことばを紹介しておきましょう。

「餅」ということばです。

一六一六年二月十日付のリチャード・コックスの日記をＯＥＤは引いて次のように記されています。

Shezque Dono...came to the English house and brought a present of mushos, wyne and redish.

鈴木殿がイギリス商館に、餅、ワイン、大根の贈り物を届けに来た。

という文章です。

この時の餅、酒、大根は、正月の贈り物で、松浦家の家臣が年賀の品をイギリス商館に持参した時の記録なのです。

「Shezque」は発音をそのまま〈カタカナ〉に直せば「シュジュキ（シュジュケ）」となりますが、これは「鈴木」。平戸を含め北九州では「サシスセソ」が「シャシィシュシェショ」と発音されます。

テレビドラマ『3年B組金八先生』で、武田鉄矢さんが演じる坂本金八は福岡県福岡市出身の先生ということになっていますが、「先生」を「シェンシェイ」と発音しています。

つい最近まで「鈴木さん」を呼ぶのに「シュジュキシャン」と北九州方言の人は言っていました。

外国語だから分かる十七世紀の発音

さて、この文章の中の「mushos」は〈カタカナ〉で書けば「ミュショス」となるのでしょうが、最後の「s」は複数を表すものと考えられます。したがって「s」を除けば「ミュショ」となりますが、これは「餅」のことです。

「まみむめも」も現代日本語より口先のほうで発音されていたのでしょうか。

現代語の「mo」で始まることばは、ＯＥＤに「mokum（木目）」「momme（匁）」「mompei, mompe（もんぺ）」「mon（紋）」「mondo（問答）」「moose, mousmee（娘）」、「moxa（もぐさ）に mochi を加えて八つあるのですが、いずれも十九世紀以降に採集されたもので、十七世紀初頭のイギリス人が、平戸で聞いて書いたことばではありません。

『イギリス商館長日記』を読んでいても、残念ながら当時の日本人（北九州の人）が「モ」を「mu」と発音していたのではないかということを明らかにする証拠は見つからないのです。

「餅」は、英国人女性、イザベラ・バード（一八三一〜一九〇四）が一八八〇年に書いた『日本奥地紀行』では、

Mochi, a small round cake of unbaked rice dough, though insipid, is not unpalatable, and is much in favour.

（餅は焼いていないままの米の粘るものを小さく丸めたもので、味はないが、まずくもなく、非常に好まれているもの）

と、紹介されています。

「musho」と「mochi」の間には、約二六〇年の時間の差、そして九州と東北地方という地域の差があることを考えなければなりませんが、同じイギリス出身の人でも、同じ「餅」を聞き分けて表記するのに、こんなに違いがあったのです。

外国語で記された文献があるからこそ、我々は、当時の日本人がどのような発音をしていたかということを知ることができます。一六一六年二月十日、平戸にいたリチャード・コックスは、「餅」を「musho」と聞いたのでしょう。

このような文献は、タイムカプセルのようなものなのです。

日本語特有の難しさ

幕末の日本を訪れた外国人を悩ませたもの

一八五八年の日米修好通商条約の締結、一八五九年の横浜開港、一八六八年の明治維新と、日本が幕末から明治へと移るなか、たくさんの外国人がわが国を訪れました。

当時の日本は、外国人の目にはどのように映ったのでしょうか。

たとえば、一八八四年九月からたびたび日本を訪れていたアメリカ人の地理学者でジャーナリスト、また写真家でもあったエリザ・ルーアマー・シドモア（一八五六〜一九二八）は、その著『シドモア日本紀行：明治の人力車ツアー』（講談社学術文庫）に次のように記しています。

（日本は）絵のように続く丘陵や頂上に至るまで、その光景はまるで夢の天国です。家並みは玩具に、住民はお人形さんに見えます。その暮らしのさまは清潔で美しく、かつ芸術的で独特の風情があります。

（横浜は）日一日と春の訪れが鮮明となり、大地は自然界のマントに一面覆われ、快活な梅や桜の開花、暖かく柔らかな陽射し、壮麗な色合いが美を演出します。

エリザがもし、今の日本を見たらどう言うでしょう。ビルが乱立し、四季もだんだん失われつつあります。アニメのキャラクターかと思うような衣裳に身を包んだお人形さんのような人たちもたくさんですが、どこへ行っても同じ街並み、同じような人たちでいっぱいになって、個性なども失われてしまったと嘆くのではないかと思います。

さて、イギリス人、ジョン・レディー・ブラック（一八二六〜一八八〇）は、一八六一年から一八八〇年に亡くなるまで横浜に滞在し、新聞『ジャパン・ガゼット』や雑誌『ファー・イースト』など日本の歴史、芸術、習慣などを世界に向けて発信したジャーナリストでしたが、面白い日本語についての記事を書いています。

日本語には、特有の難しさが多い。文章の言葉と会話の差異が大きい。紳士の言葉と、私が「俗語」と呼んでいる言葉（これは庶民の言葉という意味だが）

とは、これはまた相違が著しい。男と女とは、別々の言葉を使う。だから日本語を少しでも知っている者なら誰でも、話し手が日本語を女の言葉から学んだか、紳士からか、それとも召使いからか、あるいは大げさな古典学者の会話から学んだかを、すぐ簡単にいい当てることが出来る。(『ヤング・ジャパン』平凡社、東洋文庫)

ここで「紳士」と書かれているのは、「士族」と呼ばれた武士のことです。

このことは、福澤諭吉《ふくざわゆきち》(一八三五〜一九〇一)も『旧藩情《きゅうはんじょう》』に「隔壁《かくへき》にても人の対話を聞けば、其の上士たり、下士たり、商たり、農たるの区別は明《あきらか》に知る可《べ》し」と書いていることからも明らかです。

次第に絞られた人称代名詞

具体的な例は、仮名垣魯文《かながきろぶん》の『安愚楽鍋《あぐらなべ》』(一八七一〜一八七二年刊)で知ることができます。

一人称代名詞も、次のような違いがありました。

僕＝士族、新聞好き

わたくし＝町人、外国人
おいら＝商人、怠け者の男
おら＝職人、車夫
こちとら＝職人
わちき＝落語家、娼妓、芸者、茶屋女
わっち＝芝居者、落語家

二人称代名詞は、
きみ＝田舎から出てきた武士、新聞好き
あなた＝西洋好き、外国人、落語家
おめえ＝商人、怠け者
てめえ＝職人
おめえさん＝芝居者
おまえ＝娼妓、芸者、茶屋女

しかし、一八八七年に文部省編集局が編纂した『尋常小学読本』では、こうした身

分の違いによることばの違いをなくしてしまうようにと、

一人称＝わたくし、わたし、われ、おのれ、拙者、子、朕

二人称＝あなた、おまえ、汝、そなた、貴殿、君

と教えるようになり、

一九〇〇年の『国語読本』（坪内雄蔵編）では、

一人称＝わたくし、わたし、おれ

二人称＝あなた、おまえ

さらに一九〇四年の『尋常小学読本』（文部省）では、

一人称＝わたくし、わたし、おれ

二人称＝あなた、おまえ、きみ

と教えるようにと決まってしまうのです。

身分などによって人々の生活に制限がされることはまったく民主主義という理想からは離れてしまいますが、方言をなくし、一人称二人称なども「こういうふうに言うべきだ」と政府が決めて、ことばに制限を掛けていくということも、とっても寂しいことだと思うのです。

「訳がうまい」ってなんだろう

異質の思想を異質なまま理解する

海外の文学作品を、みなさんは原文で読みますか？

全部原文ということはあり得ないでしょうが、少なくとも英文でシェークスピア、フランス語でビクトル・ユゴー、ロシア語でドストエフスキー、スペイン語でセルバンテス、イタリア語でウンベルト・エーコ、ドイツ語でトーマス・マン、中国語で魯迅とか。

これだけでも、七カ国語です。

原文で、深くこうした名作が読めるとどんなにか楽しいことでしょう。

英仏中ならある程度まで読めますが、細かい文体の機微まで深読みするなんてことは無理です。いつかトーマス・マンの『魔の山』を原書で読み解きたいなぁという夢は、今でも捨てずにいますが。

さて、原文で読めないとすれば、翻訳に頼るしかありません。

「うまい翻訳だなぁ」と思って、柴田元幸さん訳のポール・オースターの『孤独の発明』などを読んだことがあります。

「本当に上手だなぁ、こんなふうに日本語を駆使して翻訳ができたら楽しいだろうなぁ」

でも、こうも思ったのです。

「これ読んでも、何の勉強にもならない」

趣味で読むのであればいいのでしょうが、これでは翻訳者を通して作家を垣間見《かいま》るだけで、作家の思索を辿《たど》ることにはならないし、作家がどうやってことばを組み立てているのかをまったく知ることはできない。間違って読もうがなんだろうが、自分で原文と格闘したほうがずっと楽しいし、自分のためになる。

ぼくが敬愛する研究者の一人に、田川建三という人がいます。新約聖書学の研究者で『イエスという男』『書物としての新約聖書』『新約聖書　訳と註』などの名著があります。

田川さんによれば『共同訳　新約聖書』（一九七〇年刊）は、意訳が甚だしくて、読むに堪えないものなのです。

そう思って英仏独訳などと比べると、『共同訳　新約聖書』は何を言っているのかまったく分からないところが多々見受けられます。

田川さんはこう言うのです。

「異質の考え方、異質の思想に出会った時に、異質のまま理解し、尊敬する姿勢が必要である」（『書物としての新約聖書』）

翻訳書で、読みやすい文体だなぁと思うものは、異質の思想を異質のまま伝えてくれないものだと言っていいでしょう。

翻訳議論は止まらない

ところで、明治時代になってから、ヨーロッパの文学がどんどん翻訳されていくことになります。森鷗外（一八六二～一九二二）によるドイツ文学や坪内逍遥のシェークスピアなど、挙げればキリがありません。

たとえばゲーテ原作『ファウスト』、アンデルセン原作『即興詩人』の鷗外訳のなんと日本語が美しいことでしょう。

もちろん、ぼくも学生の頃は、名訳という風潮に迎合するように「すごいなぁ、美しいなぁ」と思っていましたが、ある時、まったくばかばかしいやと思ったのです。

これは柴田訳ポール・オースターを全部捨ててしまったのと同じ理由です。

鷗外の研究には不可欠でしょうが、ぼくは鷗外にさほど興味もありません。

それより、森田思軒《もりたしけん》（一八六一～一八九七）のほうがずっと興味があります。翻訳家でフランスの冒険小説家ジュール・ヴェルヌ『十五少年漂流記』、エドガー・アラン・ポーの『間一髪』などを残した人です。

森田は、こう書いています。

「違っているのを、違っているまま、幾分か見せたい」

田川建三の考え方とまったく同じです。

森田の訳はまったくこなれていません。まったく日本語としての美しさや読みやすさなどを期待できるものではありません。

でも、原文と合わせて読んでいると、原作者が考えていただろうことへと導いてくれるのです。


一千八百六十年三月九日の夜、弥天の黒雲は低く下れて海を圧し、闇々濛々咫尺の外を弁ずべからざる中にありて、断帆怒濤を掠めつつ東方に飛奔し去る一隻の小船あり。

これが森田思軒訳の『十五少年漂流記』冒頭です。

こうした翻訳の仕方を「周密文体」というのですが、徳島出身の翻訳家・井上勤《いのうえつとむ》（一八五〇〜一九二八）が訳したジュール・ヴェルヌ『九十七時二十分間月世界旅行』（一八八〇〜一八八一刊）がその嚆矢《こうし》と言われています。

外国語で書かれた文学を読者がどのように読みたいかという要求と日本語の問題は、明治時代以来、ずっと議論され続けていることなのです。

お経は「おきょう」、経済は「けいざい」の理由

外国語が集積されて出来た現代日本語

新聞、雑誌、本、パンフレット、その他どんなものでも、日本語の文章は、〈ひらがな〉、〈カタカナ〉に漢字、時にはアルファベットで書かれたことばが混在しています。

もともと文字がなかったところに、漢字がやってきて、〈カタカナ〉と〈ひらがな〉が作られ、明治以降たくさんのヨーロッパ文化が入ってきたということを考えれば、日本語は、外国語の集積体だということもよく分かります。

さて、他の言語、あるいは方言から借りて使うことばを「借用語」と呼びます。

もともと古くからあった「やまとことば」にはなかった概念などを表そうとする場合、どうしてもことばを借用して使用する必要が出てきます。

漢語は、日本語の借用語の中でもっともその量が多いものです。一九八〇年代の調査によれば、新聞記事における漢語の比率は、四〇％です。パッと当時の新聞と今日

の新聞を見比べても、ほとんど変わりません。詳しくデータを取れば、漢語の使用率は、おそらく僅《わず》かに減少しているかと思われますが、それほどの目立った違いはないのではないでしょうか。

ヨーロッパ語の借用語については、別のところで記しますが、少し漢語の借用語と、読み方の違いについてここでは触れたいと思います。

同じ漢字なのに読み方が違うというものがいくつかあります。

たとえば、「文」を「モン」と読むのと「ブン」と読む読み方の違いです。

他の例を挙げれば「お経」は「おきょう」と読みますが、「経済」は「キョウザイ」とは読まず「ケイザイ」と読みます。

「文」を「モン」と読むのは呉音、「ブン」と読むのは漢音

「経」を「キョウ」と読むのは呉音、「ケイ」と読むのは漢音です。

勅令で決まった発音矯正

呉とは、中国の南方、揚子江流域の地方を言います。南北朝五〇〇年頃に梁《りょう》という王朝がありましたが、そこで栄えた仏教や儒教のことばが、わが国に伝えられまし

た。奈良六大寺で読まれる「お経」は、ほとんどが呉音です。

これに対して、漢音は、唐（六一八〜九〇七）の都・長安で発音されていた漢字音です。

奈良から京都へ都を遷した桓武天皇（在位七八一〜八〇六）が「今後、漢字を学ぶ者は、漢音を学べ」と詔勅を出すことによって、以降、わが国では漢字は漢音で学ぶことになります。「文」は「モン」から「ブン」へ、「経」は「キョウ」から「ケイ」へと発音が矯正されることになったのです。

ところが、日本語が変化するように中国語も変化していきます。

宋王朝（九六〇〜一二七九）が都を開封《かいほう》（河南省東部）に置くと、現代の中国語とあまり変わらないようなものになります。「近世音」あるいは「唐宋音」と呼ばれるものです。「唐宋音」の「唐」は、王朝としての「唐」ではなく「中国」という意味です。つまり「中国の宋王朝の発音」です。

この「唐宋音」も、もちろん日本に伝わります。

たとえば「看経」は「カンキン」と言うように「経」を「キン」と発音するようになるのです。

他にも、

「餃子」を「コウシ」ではなく「ギョウザ」

「餛飩」を「ウントン」ではなく「ウドン」

「饅頭」を「マントウ」ではなく「マンジュウ」

「行灯」を「コウトウ」ではなく「アンドン」

などと発音するのも「唐宋音」が日本式に発音されて定着したものです。

日本と中国は、「一衣帯水」の関係です。中国のことばの変化や文化を知ることは、今後の日中関係でもとても大切なことなのではないかと思います。

ヘボン式と訓令式

そもそもローマ字ではなくラテン文字

日本語の「ローマ字綴り」に「訓令式」と「ヘボン式」があります。

そもそも「ローマ字綴り」という言い方もよくよく考えるとおかしなことばなのですが、明治時代に「羅馬字会《ローマ》」を創設した外山正一《とやままさかず》や矢田部良吉《やたべりようきち》が、「ラテン文字化」を意味する英語 romanization を訳して「ローマ字」としたことに由来します。

でも、それにしても「訓令式」と「ヘボン式」を区別して、書き分けている人は、ほとんどいません。

そもそも「訓令式」は、その名称の通り「内閣訓令」として昭和十二（一九三七）年に発表していながら、パスポートの表記も市町村名のローマ字表記も、厳密には「訓令式」に従わないからです。

さて、「訓令式」と「ヘボン式」ではローマ字表記にどんな違いがあるのでしょうか？

「し」は訓令式では「si」、ヘボン式では「shi」

「ち」は訓令式では「ti」、ヘボン式では「chi」

「つ」は訓令式では「tu」、ヘボン式では「tsu」

「ふ」は訓令式では「hu」、ヘボン式では「fu」

「じ」は訓令式では「zi」、ヘボン式では「ji」

などなど。


さて、どちらがどんなふうにいいのか悪いのかというと、じつは、どちらも甲乙付けがたい欠点があります。

いまだ解決していない日本語のラテン文字表記

たとえば、日本語の「し」を「si」と書くと、イタリア語の「yes」を意味する「si」(〈カタカナ〉で書けば「スィ」)ということになってしまいます。

「ち」は、「ti」だと「ティ」になるし、フランス人が「chi」と書かれているのを見ると「シ」になってしまいます。

「秩父」は「Titibu」と書かれると「ティティブ」、「Chichibu」と書いてあると「シシブ」になってしまう。

「つ」について言えば「tu」はヨーロッパのことばを母語にする人なら、誰でも「チュ」としか読みません。

「恒子さん」は「チュネコさん」になってしまう。

「富士山」と言うのに、「huzisan」と書けば「フズィサン」となるし、下唇を軽く嚙んで「f」の発音で「フュジサン」と言っているかと言えば、日本人は誰もそんな発音はしていません。

ヘボン式は、幕末から明治初期に日本にやってきたアメリカ人宣教師、ジェイムス・C・ヘップバーンの考案によるもので、アメリカ人の耳に聞こえる日本語をローマ字化して書いたものです。

これに対して、訓令式は、イギリスに留学した明治時代の地球物理学者、田中舘愛《たなかだてあい》橘《きつ》が音韻学の理論に基づいて記号化したものをもとにして作ったものです。

古く「日本式」と呼ばれましたが、当時から、英語を学ぶ人にとって、この日本式、訓令式は、全然、発音と記号が一致していないと評判が悪かったのでした。

「Denenchofu」と書かれた看板を見て、さて何と読みますか？

デネンチョフ？　ロシア語じゃないんだから、そんな場所は日本にはありません。

これは「田園調布」のヘボン式表記です。とは言え、「デネンチョフ」にならないように現在は「Den-en-chōfu」と書くようになっている。

いずれにせよ、日本語の発音をどのようにラテン文字化するかという課題は、まだほとんど解決されていない問題なのです。

和製外来語あれこれ

国字も和製外来語も加工品

外国から輸入したものを適当に加工して、自家薬籠中《じかやくろうちゅう》の物にするというのは日本人が得意とすることのひとつではないかと思われます。

たとえば、「裃」や「榊」、「辻」「畑」などごく身近にあるこういう字も、じつは、「漢字」ではなく日本人が作った「和製漢字」あるいは「国字」と呼ばれるものです。「上」と「下」に別れた「衣」だから「裃」、「神様」に捧げる「木」だから「榊」、「道」が「四叉路」になっているから「辻」、焼き畑農業を行うから「畑」など、国字は、なんと、全部で百三十字以上と言われています。

それでは、「和製外来語」はどうでしょうか。

「マネービル」、新聞や証券会社の広告でこのことばを見た記憶がありますが「資産を効率的に運用して財産を作ること」の意味で使われます。「お金」を意味する「マネー」と、「建築」「作ること」を意味する「ビルディング」を足して「マネービル」、じつは英語では moneymaking と言われます。

それなりの適当な英語を組み合わせて、「和製英語」にしてしまったものをいくつか挙げておきましょう。

ベッドタウン　bedroom suburbs
システムキッチン　unit kitchen
フリーサイズ　adjustable, one size fits all
レモンティー　tea with lemon
オーダーメイド　made to order
ガソリンスタンド　gas station

原語と意味が近いことば、大きく離れたことば

次に、英語での本来の意味とまったく違った意味で日本語で使われていることばも挙げましょう。

電気の「コンセント」は、英語では outlet あるいは plug receptacle と言います。英

語のconsentは「同意」「承諾」を表すものでまったく電気のコンセントとは関係がありません。

サイダーciderも同じです。炭酸入りの透明な飲み物は、英語ではsodaで、ciderはりんご酒に限って使います。

これは英語に限ったことではありません。日本語の「アルバイト」ということばの意味は、オリジナルのドイツ語の意味とはまったく異なります。

フランス語の「クレヨン」もふつうは、「Crayon a papier」で「えんぴつ」を意味します。

間違ったことばの使い方が、新聞、雑誌、インターネットを通じて拡散していくことは少ないのですが、鹿児島や宮崎などでは「黒板消し」のことを「ラーフル」と呼ぶのだと聞いて、びっくりしたことがあります。

「ラーフル」はオランダ語で、「こすること」を言います。

なるほど、「黒板」を消すのに、「(雑巾などで)こする」からなのでしょう。

「こする」が「黒板消し」になるのも不思議な感じがしないわけではありません。

また、日本人の英語の省略もすごいなぁと思うのです。

「オフレコ」「カーナビ」「マスコミ」「スリッパ」「メジャー」「マイク」「シャーペン」「パソコン」、この手のものは、挙げればきりがありません。

Part Ⅲ

日本語を調べ、作ってきた人たち

本当にすごい本居宣長

①係り結びの発見

失われた係り結び

本居宣長の全集を読みふけったことがあります。

この人は、毎日、勉強していて楽しかったのだろうなぁと思いました。勘は鋭いし、具体的なことから抽象的なことを読み取る力も優れているし、一緒に話したら楽しいだろうなぁと思って、頁を捲《めく》ったのでした。

さて、宣長のすごい業績は、三つあります。

ひとつは、古典研究についてです。なんと言っていいのか分からない、ことばにしてしまうと失われてしまうかもしれない、日本的な情緒を「もののあはれ」ということばで表すことができたからです。

二つめは、日本語の文法についての研究、三つめは漢字音研究です。

三つめの漢字の研究は、昭和二十（一九四五）年、敗戦の年に亡くなった東京帝国大学国語研究室の橋本進吉が遺した大きな業績である「上代特殊仮名遣い」の研究とも関係しているので、そこで書かせていただきたいと思います。

さて、本居宣長の日本語の文法の研究の中心は、「係り結び」と「活用」です。「係り結び」は高校の古典で習いましたね。

「ぞ、なむ、や、か」という「係り助詞」があると文末の活用形が連体形になる。「こそ」があると已然形になる。

これを発見したのは、本居宣長です。

我々がいわゆる「古典」で習う『伊勢物語』『源氏物語』など平安時代までは「係り結び」があるのですが、南北朝から室町時代には、ほとんど見えなくなってしまいます。室町時代とは謡曲や狂言などの芸能が勃興する頃です。

なぜ、係り結びがなくなったかということについては、いろいろな説がありますが、私としては古代の論理構造が崩壊してしまったからだと考えています。「近世」という新しい時代を迎えるために、日本語はそれなりの論理を成せる文法が次第に組み立てられることになったのです。

宣長は、すごい人です。
『古事記』まで遡って、古代日本人の思考方法がどのようなものだったのかを探究していくのですが、その時、文法の「係り結びの法則」が古代人的思考のカギであることに気がつくのです。
たとえば、『伊勢物語』(「筒井筒」)にこんな文章があります。

昔 田舎渡らひしける人の子ども、井の許《もと》に出でて遊びけるを、大人になりにければ、男も女も恥ぢ交はしてありけれど、男はこの女をこそ得めと思ふ。女はこの男をと思ひつつ親の会はすれども聞かでなむありける。

こそ↓得め
なむ↓ける
ふつうだったら、「この女を得む」「聞かざりき」となるはずなのですが、「こそ」や「なむ」などの強調する助詞を入れることで、文末の動詞も変わってしまうではないか！と、宣長は気づくのです。
同じようなものが、『伊勢物語』の「芥川」にもあります。

白玉か何ぞと人の問ひし時　露と答へて消えなましものを

我々は「ぞ」が係り助詞ということを知っているので、「ぞ」がどこに係るのかなぁと思って「問ひし」にの「し」を導き出すことができます。「白玉か何かと人の問ひき時」となるはずの本文が、「何ぞ」の「ぞ」の影響を受けて「問ひし」となっているのです。

文意に引かれず文章を読む難しさ

ですが、文法に対する特別な思いや言語学的興味を持っていないと、本文内容に引かれてしまいます。

校正をする人が、著者の書き間違いを探し出すことに喜びを見出すのと同じで、文法に興味がある人は、本を読みながら同時に文法が気になって仕方がないのです。

宣長のすごさは、この文法に対する視点が異常に発達していたこと、そして同時に動詞など用言の活用が「普通の文章の場合」と、「係り助詞が使われた場合」とで異なっていて、どの活用に合致するという用例を集めて、それを検証したことなのです。

ここには『伊勢物語』の例だけを挙げましたが、宣長は『古事記』『源氏物語』『枕草子』『和泉式部日記』などありとあらゆる本から例証を挙げて、その法則を明らかにしているのです。

それにしても『伊勢物語』の「芥川」は面白い話なので、ぜひ読んで見て下さい。内容に引きずられないで、文法的視点で本文を読むことができますか？

まず、訳を読んで見て下さい。

昔、男がいた。（高貴な）女で妻にすることが出来そうになかったその女を、何年もの間求婚し続けていたが、やっとのことで（女を）盗み出して、たいそう暗い夜に（逃げて）来た。芥川という川（のほとり）を（女を）連れて行ったところ、草の上におりていた露を（見て、女は）、

「（光っている）あれは何」

と、男に尋ねた。

これから行先も遠く、夜も更けてしまったので、鬼のいるところとも知らないで、雷までたいそう激しく鳴り、雨もひどく降ったので、荒れ果てた蔵に、女を奥に押し入れて、男は、弓、胡籙《やなぐい》を背負って戸口に座り、早く夜も明けて

ほしいと思いながら座っていたところ、鬼がたちまち（女を）一口に食べてしまった。（女は）

「あれえ」

と言ったけれども、雷が鳴る騒ぎに（男は）聞くことが出来なかった。

次第に夜も明けてゆくので、（男が蔵の中を）見ると、連れてきた女もいない。じだんだを踏んで泣くけれどもどうしようもない。

「（あの光るものは）真珠なの何なの、とあの人が尋ねた時、露ですよと答えて（私もその露のようにそのまま）消えてしまえばよかったのになあ（そうすればこんな悲しい思いをすることもなかっただろうに）」

原文も出しておきましょう。

昔、男ありけり。

女の、え得まじかりけるを、年を経てよばひわたりけるを、からうじて盗み出でて、いと暗きに来けり。

芥川といふ河を率て行きければ、草の上に置きたりける露を、

「かれは何ぞ。」

　となむ男に問ひける。

　行く先多く、夜も更けにければ、鬼ある所とも知らで、神さへいといみじう鳴り、雨もいたう降りければ、あばらなる蔵に、女をば奥に押し入れて、男、弓、やなぐひを負ひて戸口にをり、はや夜も明けなむと思ひつつゐたりけるに、鬼はや一口に喰ひてけり。

「あなや。」

と言ひけれど、神鳴る騒ぎにえ聞かざりけり。

やうやう夜も明けゆくに、見れば、率て来し女もなし。

足ずりをして泣けどもかひなし。

［白玉か何ぞと人の問ひし時　露と答へて消えなましものを］

②今も昔も「古典」は難しいけれど

日本の文化・文学≠国学

日本という祖国、母国をぼくはとても尊く思いますが、万世一系とする天皇による国家統治をわが国の歴史の特色とし、『古事記』や『日本書紀』を歴史的事実とする「皇国史観」の持ち主ではありません。

別に自分の思想を語るために、この文章を書こうとしているわけではありませんが、本居宣長という人を、「皇国史観」の立場から「すごい！」と書いているのではないということを知ってほしいからなのです。

皇国史観の人たちは日本の文学や日本の文化や文学、神道に関する学問をよく「国学」と呼び、本居宣長の学問は「国学」の粋だという言い方で顕彰します。

宣長は「まぁいいけどさ」と言いながら、首を傾げているのではないかと思うのです。

じつは、宣長は、「皇国の事の学をば、和学或いは国学などという習いなれども、そはいたく悪き言いざま也」（『うひ山ぶみ』）と言っているのです。

また「和学国学などというは、皇国を外にしたる言いよう也」（同書）とも書いています。

それでは、日本の古典研究は何と呼ぶのが相応しいと、宣長は考えたのでしょうか。

「古学」です。

文章を、その周囲・背景を、求め続けて辿り着いたもの

では、「古学」に宣長は何を求めたのでしょうか。

「すべて後世の説にかかわらず、何事も古書によりて、その本を考え、上代の事をつまびらかに明らむる学問也」

目的は、『古事記』なら『古事記』の本文によって、『古事記』の時代のありとあらゆることを分かるように探究するというのです。

今まで伝わる『古事記』の本を可能な限り集めます。断簡があるかもしれませんし、古い記録に引用されている本文もあるかもしれません。そして、どれがもっとも『古事記』の著者・太安万侶が書いた当時の本文なのかを検討していきます。

そのためには太安万侶がいた時代の日本語がどのようなものであったのかを知る必要があります。

宣長は、具体的に太安万侶がどんな日本語をしゃべっていたかを音声として復元す

ることはできなかったと思います。ただ、すでに触れた「係り結び」と活用の関係のように、『古事記』には、宣長の時代にはすでに失われてしまった日本語の書記方法に法則があったことを発見しています。

のちに「上代特殊仮名遣い」と呼ばれるものです。宣長は、『古事記』の研究に三十五年を費やしています。『古事記』を読んで、「神代の時代から天皇家を中心に、わが国は素晴らしい国だったのだなぁ」と感慨に耽《ふけ》っていたわけではありません。『古事記』から、『古事記』の時代の日本語と、その日本語によって記された現象と事実を再構成しようと考えていたのです。

同じような作業を、宣長は『源氏物語』に対しても行っています。『源氏物語』『紫文要領《しぶんようりよう》』『源氏物語年紀考』など、宣長は『源氏物語』も四十年ほど研究しています。

そうして、「もののあはれ」というものを発見するのです。

儒教、仏教渡来以前の日本人独特の思考方法、情緒だと説明されていますが、宣長は『石上私淑言《いそのかみのささめごと》』に「見る物聞く事なすわざにふれて情《こころ》の深く感ずる事」を「あはれ」と言うと記しています。

ことばでは表せない「何か」であって、それは古書を深く研究し、読み込んで初めて感じる「私淑」するような思いなのではないかと思うのです。

もし、タイムスリップすることができたとすれば、たった一夜でいいので、本居宣長先生に会って、どうすれば古い時代の本が本当に読めるようになるのか、訊いてみたいと思うのです。

③古代の日本人は多様な音を聞き分けていた

閃きと音と神の声

本居宣長は、『古事記』を読み解きながら、儒教や仏教などが浸透していない古代日本の人々が物事や季節をどう感じていたのだろうかということを研究します。

現代の研究からすれば、とっても牧歌的で純粋で、子どもじみているところも否めません。

プリンストン大学の心理学者、ジュリアン・ジェインズ『二分心（bicameral mind）の崩壊による意識の誕生』（原著1976年刊、邦訳書『神々の沈黙』紀伊國屋書店）によれば、紀元前1000年頃の人は、「考える」ということが、現代人とまったく違っていたのだそうです。

はたして、習慣的な反応では対応しきれない選択に直面した時、自己認識がなく、「記述」するなどして客観的な物の考え方が何なのかを知らない古代人に、いきなり閃きのような「考え」が浮かぶのは「右脳」で、これが「神の声」に聞こえたのです。

鳥の声などを聞いて、あたかもそれが神の声、神の導きに聞こえたなどという話がありますが、もしかしたらこれは、古代的な頭脳から生み出されたことだったのかもしれません。

さて、それにしても、古代の日本人は、現代人より多くの多様な音を聞き分け、書き分けていました。

これは現代の言語学、日本語史研究から明らかになったことなのですが、宣長も少しだけ、そのことに気がついています。

百年前の仮説がもたらした衝撃

このことが明らかにされたのは、東京帝国大学文科大学言語学科を卒業後、のちに同大学国語国文学第一講座教授となった、橋本進吉（一八八二〜一九四五）によってです。

比較言語学（歴史言語学）と呼ばれる言語変化の法則を研究した橋本は、『古事記』『日本書紀』『万葉集』に使われる漢字の使い分けから古代日本語を遡及していきました。

そして、「キ・ギ・ヒ・ビ・ミ・ケ・ゲ・ヘ・ベ・メ・コ・ゴ・ソ・ゾ・ト・ド・ノ・モ・ヨ・ロ」は、それぞれ二種類の音が聞き分け、書き分けされていたということを発見するのです。

現代の我々が「お」と「を」を聞き分け、書き分けしているのと同じです。「お」と「を」はほとんど同じ音に聞こえますが、「お」のほうは明るい感じがしますし、「を」は反対にくぐもった暗い感じに聞こえます。

「お」と「を」と同じように、右に挙げた二十の音も対になって明るい音と暗い音で聞き分け、書き分けがされていたという言語学史上の大発見なのです。

しかし、橋本は、こうした古代日本語の比較言語学研究を行いながら、しかし、自分より前に、このことに気づいていた人がいたということを発見します。

本居宣長です。

宣長は、明るい音とくぐもった暗い音の対で二つの音が聞き分け、書き分けされていたということには気がついていません。なんとなく、違う書き分けがされているらしいということに気づいているだけです。

そして弟子の石塚龍麿《いしづかたつまろ》（一七六四～一八二三）に、この書き分けの研究をしてみたら、というようなことを教えたのではないでしょうか。

龍麿は、『仮名遣奥山路《かなづかいおくのやまじ》』というタイトルで、その書き分けを分類した本を遺すのです。

橋本進吉は龍麿のこの本を入手し、宣長と龍麿が、まさに自分がやろうとしてきたことを、百年も前にやろうとしていたことを知り、びっくりするのです。

学問は、進化します。心理学、脳神経学、脳科学などさまざまな分野から、今後も古代人の思考方法や言語の聞き分け、書き分けなどが明らかにされていくことでしょう。とっても楽しみです。でも、学問を進化させるのは、「仮説」です。大きな仮説があって初めて、研究は進んでいくのです。

可愛い秋成

江戸後期のベストセラー『雨月物語』

上田秋成《うえだあきなり》（一七三四〜一八〇九）の代表作と言えば、日本文学史上にも燦然《さんぜん》と光を残す『雨月物語』でしょう。

出版と同時に、本書は、全国に秋成の名を轟《とどろ》かせました。

大坂と京都の出版書肆《しょし》で同時発売が行われたのです。

安永五（一七七六）年四月のことです。今なら「東京＝ニューヨーク同時発売」みたいなとても人目を引くできごとだったのです。

もちろん、日を経《へ》ずして『雨月物語』は、江戸でも発売されます。

これを読んで、すぐに感激の手紙を秋成に出したのが、狂歌の天才と呼ばれた大田直次郎、通称、大田南畝《なんぽ》（一七四九〜一八二三）です。

南畝は、『雨月物語』出版の十年前、明和四（一七六七）年に『寝惚先生文集《ねぼけせんせいぶんしゅう》』という狂詩文集を出し、すでに大ベストセラー作家として著名でした。

大田南畝の賞賛は、『雨月物語』の江戸での大人気を約束することでもありました。不思議な哀しみに誘われる『雨月物語』の世界は、ぼくが紹介するより、ぜひ読んでいただきたいと思います。

ただ、秋成の文学の魅力は、ひとことで言えば、生きとし生けるものを捉える純粋な力が文章に漲《みなぎ》っていることです。これは、小泉八雲（ラフカディオ・ハーン）にも通じる日本文学のひとつの系譜であると思われるのですが、秋成の国家観とも無関係ではないのではないかと思うのです。

秋成は、本居宣長のような「日本だけが唯一絶対の神聖で高貴な国家である」などという発想は可笑しいと言って、「個」の独自性を描こうとしたのでした。

宣長の視点、秋成の視点

しかし、残念なことに、秋成の言語観は、宣長に比べるとあまりに無知で幼稚でした。

たとえば、秋成は、こんな和歌を詠んでいます。

庭草に　なきにしものを　きりぎりす　うたて夜寒の床に近よる

「庭草でもないのに、コオロギが、とっても寒い夜、自分のふとんに近づいてくる」という意味の歌なのですが、「庭草になきにしものを」なんてことばは、和歌の道を心得た人であれば、決して使うはずもありません。文法も無視、和歌の語法にも無頓着なのです。

もし、宣長がこの歌を見たら、罵倒侮蔑、唾棄して、こんなものは歌ではないと言ったに違いありません。もちろん、「伝統」を守ろうとする側に立たない秋成だからこそできた面白さと言えますし、大田南畝の賞賛は、まさにこうした秋成の奔放さを称《たた》えるものではあるのでしょうが。

しかし、正統の学問をしていない自分を恥ずかしく思うところが、秋成にもありました。『雨月物語』出版の二年後、秋成は荷田春満《かだのあずままろ》門下の逸材・加藤美樹《かとううまき》に入門をして国学を本格的に学ぶことになるのです。

結果、当時まったく知られていなかった平安前期の説話集『大和物語』の校訂など、古典の発掘を行う、国学者としての秋成の成長へと繋がっていくのです。

ところで秋成は、本居宣長と、天明七（一七八七）年頃に書簡のやりとりをしています。ほとんどが古代語の音韻や文字、言語観に関するものです。

たとえば、古代日本語にも、「ン」という音があったに違いないとか、宣長に食ってかかるような手紙を書いているのです。

宣長は、国語学の初歩も知らない秋成の手紙と自分の秋成に対する返答をまとめ『呵刈葭《かかいか》』という書名を付けます。

この巻物のタイトルの意味は「葭刈《あしか》るを呵《か》る」、「悪しかるを叱る」で、「純粋な古学を学ぶのに、まったくよくない僻事《ひがごと》を言う人を叱る」というのです。

宣長の学問は、基本から始めて高みに辿り着いています。それはもちろん、ぼくが言うようなことではありません。でも、宣長には決して『雨月物語』のような名作は書けません。

秋成は、愛妻〈たま〉に、こんな歌を詠んでいます。

恋ひよれど　妻もさだめぬ　のらねこの　声鳴きかはす　軒に垣根に

宣長には、こんな可愛い歌は書けなかったと思います。

「英」会話のはじまり

小学校から英語教育が始まったけれど

二〇二〇年四月から小学校での英語が必修になりました。

外国語を学ぶことは意義のあることだといっても、日本人が、日本にいて、日本語で生活するためには、もっと母国語である日本語を学ぶべきです。

具体的実践的な本当の意味での「教育」が必要なのに、「国際化」「グローバリゼーション」などという意味のないことばが流行ると、それに流されて、英語を勉強していればいい大学に入れる、いい会社に入れると思ってしまうのでしょう。

「いい」「わるい」という物差しも、すべて「グローバルスタンダード」という実態のないことばによって数値化された世界が、内面化され埋め込まれたものでしかありません。

そして、そこにあるのは、ひたすら「利益」を追求する勉強のようなものに感じられるのです。

外国語は、必要に迫られて勉強しなければ、身につきません。

本当の「教育」とは何かを考えてみてください。

それは、教える人と教わる人とが、相互に気づき合い、互いを認め、共感する力を養うことです。

通訳も片言ながら英語は出来たけれど

さて、わが国での英会話は、必要に迫られて始まります。そして、それと同時に英語を表すことばが、「諳厄利亜《あんげりあ》」から「英吉利《えげれす》語会話」「英語」「英会話」など「英」が使われるようになってきます。

日本で、「英語」が必要になったのは、いつのことでしょう。

言うまでもありません。嘉永六（一八五三）年のペリー来航です。

この時、日本にはオランダ語が分かる人はいましたが、英語を話したり自在に読んだりする人はいませんでした。

おそらくペリーも、日本人で英語を理解する人がいないということは知っていたに違いありません。ペリーは、オランダ語訳官（通訳）、オランダ生まれのポートマンを通じて、日本側と交渉をさせるのです。

この時、対応したのは、長崎生まれのオランダ通詞、堀達之助《ほりたつのすけ》（一八二三〜一八九四）です。二十九歳でした。

堀はフランス語も初級程度できました。

英語も、日本初の英語辞書『諳厄利亜語林大成《あんげりあごりんたいせい》』（十五巻四冊）を全部、自分で写していたので、ある程度の会話や読解はできましたが、流暢に話すことはできませんでした。

英語を話す必要も機会もなかったからです。

『諳厄利亜語林大成』は、軍人としてイギリスに滞在したことがある長崎出島のオランダ人ヤン・コック・ブロムホフが日本人オランダ通詞に教えた英語をもとに、通詞たちが独自に編纂した英和辞典です。簡単な英文法や凡例があり、六千語の単語が収録され、発音と日本語訳が記されています。文化十一（一八一四）年に完成し、幕府に献上されました。

「諳厄利亜」は「アンゲ（グ）リア」を漢字で当て字にしたもので、ラテン語で「イギリス」を表します。今でも、フランス語では「イギリス人」「英語」のことを「アングレ」と言いますが、これはラテン語によるものなのです。

日本でも、まだ英語学が盛んになるまでは、英会話や英語のことを「アンゲリア」

と呼んでいました。

それにしても「諳厄利亜」の「諳厄」は「アンヤク」と読みます。「利益」を追求して世界で「暗躍」するイギリスを揶揄するような意味が込められていたのです。

楽しさが語学を学ぶ必要性を生む

ところが、イギリス、アメリカとの貿易が行われるようになると、「諳厄利亜」は次第に「英吉利」と書いて「エゲレス」と呼ぶようになってきます。

「英」は「美しい」「秀でた」「優れた」、「吉」は「良い」「利益がある」という意味の漢字です。「この優れた素晴らしい国と貿易をすれば、利益になる」という意味が込められていたのではないでしょうか。

慶応三（一八六七）年に出版された、英会話の入門書『英吉利会話篇』、同じ頃出版された『英吉利小文典』（『モルレイ氏英吉利小文典』とも）などは、その始まりです。

この頃になると、もう長崎にいたオランダ通詞は、ほとんどいらなくなってしまっていました。「諳厄利亜」が「英吉利」と名称が変わるのとほとんど同時です。

長崎でのオランダ貿易が終わり、横浜の開港とともに、イギリス人やアメリカ人が多く横浜に住むようになったのです。

幕府は、安政三（一八五六）年、江戸に蕃書取調所《ばんしょとりしらべしょ》（蕃書調所《ばんしょしらべしょ》）という洋学研究機関を作ります。蕃書取調所は、明治元（一八六八）年には開成学校と名前を変え、「オランダ語、英語、フランス語、ドイツ語、ロシア語、天文学、地理学、窮理（物理）学、数学、物産学、化学、器械学、画学」を教授する学校になりますが、現在の東京大学の源流です。

勉強をして、もっと深く、広く学びたいと思うようになると、どうしても英語や外国語を学ぶことが「必要」だと感じるようになります。

本当は、学ぶことが楽しいと思うようになる「教育」が必要なのではないかと思うのです。

日本語を作った男たち

①現代日本語(標準語)は人工的に作らざるを得なかった

生まれでも育ちでも異なることば

自分が話したり、書いたり、読んだりして使っている日本語は、どこでどうやって「作られた」ものなのでしょう。

「作られた?」と思う人もいるでしょう。

おそらく、そんなこと考えたこともないという人がほとんどだろうと思います。

でも、じっさい、我々が使っている日本語は、明治時代に「作られた」ものなのです。

もし、我々がタイムマシンで江戸時代まで遡ることができたとしても、きっと話は通じないと思います。それは、彼らが書き残した手紙などを見ても、ほとんどというよりまったく読めないことからも明らかでしょう。我々が使っている「日本語」は、明治時代になってから人工的に作られたものなのです。

それは、日本人が日本人という共有の意識を持って、日本語でみんなが分かり合えるようにするためでした。

それまではどうだったかと言うと、日本人は「国」と言えば、だいたいは自分の属する「藩」を指すものでした。

今でも、三世代東京の下町に住んでいた人が「江戸っ子」と言われ、代々京都に住んでいる人を「京都人」と言うように、薩摩藩の人は「薩摩人」、長州藩の人は「長州人」、信州の人は「信州人」など、それぞれの出身地や生まれ育った場所を「国」と呼んでいたのです。「帰省すること」を、「国に帰る」という言い方をするのも、まだそういう意識が残っているからでしょう。

「日本人」という考えが生まれたのは、鎖国が解かれ、西洋の列強に、「日本人」が一丸となって対抗する必要が生まれたからにほかなりません。

ところで、ご存じのように、徳川幕府約二百五十年の間にあった「士農工商」という身分制度は、それぞれの身分に「帰属意識」が強くなるように作られていました。

たとえば長屋に住む町人と殿様とでは、まったく話が通じないほど語彙も日本語の発音の仕方も違っていたのです。

「士農工商」という身分制度を廃止し、「日本国民」という意識を「日本人」が自発的に持つようにするために「共通語」である「日本語」が作られたのです。

いっそ英語を公用語に

ですが、「共通語」を作るということは、簡単にできることではありませんでした。

今は「文部科学省」となっていますが、日本の教育や文化を所管するところは明治時代は「文部省」でした。

初代文部大臣は、森有礼《もりありのり》（一八四七〜一八八九）です。

森は、日本人なのになんで難しい漢字をたくさん使わなければならないのか、日本語は地方出身の人たちがしゃべっていることばが通じない、身分によってもことばが通じない、こんなことばは捨ててしまって、これからはみんなが英語を使うようにしてはどうでしょうかと、アメリカ人の言語学者、ホイットニーに手紙を書いて相談をするのです。

ホイットニーは、さすがにそれはやりすぎだろうと言って、日本人が日本語を廃止することに反対します。

森も、言語学の専門家からダメだと言われてしまってはどうしようもありません。

日本語廃止はあきらめざるを得ませんが、なんとかしてみんなが分かり合える「共通語」を作らなければなりません。

さて、森有礼は薩摩藩（現・鹿児島県）出身ですが、初代内閣総理大臣の伊藤博文や初代内務大臣になった山縣有朋など、政府要人には長州藩（現・山口県）出身の人もたくさんです。

それに明治天皇や、公家出身の岩倉具視、三条実美（いずれも太政大臣）は、京都の出身です。

もちろん、勝海舟など江戸っ子で役人になった人も少なくありません。

身分も出身地も異なる人たちが集まって、「国会」を開設しようということになったのです。

明治天皇による「国会開設の詔《みことのり》」が出たのは、明治十四（一八八一）年のことでした。詔には、「將ニ明治二十三年ヲ期シ、議員ヲ召シ、國會ヲ開キ、以テ朕カ初志ヲ成サントス」と書かれています。

つまり、十年後の明治二十三（一八九〇）年に、議員を召集し、国会を開くというのです。

この詔勅は、「漢文訓読体」と呼ばれる日本語です。話す時のことばではなく、書きことばとして使われたものです。

今でも大学の共通テストなどでは「漢文」が国語の問題に残っていますが、高校で漢文を教えるところはとても少なくなっています。

教える先生たちの中にも、漢文を教えるのは苦手だという人たちが多いので仕方ありませんが、漢文を勉強していないと、明治時代までの日本の歴史や古典文学を読み解くこともできなくなってしまうのも確かです。

②話しことばと書きことばを統一してもっと簡単に

難攻不落な森鷗外

さて、明治時代の文豪と言えば、すぐに思い浮かべるのは、森鷗外と夏目漱石でしょう。

森鷗外の『舞姫』、夏目漱石の『こころ』は、これまで長い間、高校の国語の授業で取り上げられてきた作品です。

でも、森鷗外の書いたものは、ほとんどが「漢文訓読体」で、難しく感じられます。

少し、『舞姫』の最後の部分を読んでみましょう。

四階の屋根裏には、エリスはまだ寝《い》ねずと覚ぼしく、烱然《けいぜん》たる一星の火、暗き空にすかせば、明かに見ゆるが、降りしきる鷺の如き雪片に、乍《たちま》ち掩《おほ》はれ、乍ちまた顕れて、風に弄ばるゝに似たり。戸口に入りしより疲を覚えて、身の節の痛み堪へ難ければ、這ふ如くに梯を登りつ。庖厨《くりや》を過ぎ、室の戸を開きて入りしに、机に倚《よ》りて襁褓《むつき》縫ひたりしエリスは振り返へりて、「あ」と叫びぬ。「いかにかし玉ひし。おん身の姿は。」

難しく感じる理由はいくつかあります。

まず、漢語が多いことです。「烱然たる一星の火」は「ピカピカと瞬く星の光」、「机に倚りて襁褓縫ひたりしエリス」は「机に凭りかかってオムツを縫っていたエリス」という意味です。

それぞれのことばを説明した語釈のようなものがあれば、読めないことはありません。ですが、漢語がたくさんあると、見た目にもすでに頑強な石垣の城郭のようで難攻不落という印象を受けてしまいます。

それに、この会話文はなんでしょう。

ベルリンの「舞姫（実際は娼婦）」との間に交わされたことばが「いかにかし玉ひし。おん身の姿は。」なんてのは、どうでしょうか。

この会話は、「擬古文」と呼ばれる文体で、『源氏物語』などで使われる会話文を真似して書かれたものなのです。

明治時代、まずやらないといけなかった改革は、書きことばと話しことばを一致させること、つまり「言文一致」だったのです。

この「言文一致」運動を行った人の一人は、わが国における郵便制度を確立した前《まえ》島密《じまひそか》（一八三五～一九一九）です。

前島密の漢字廃止案

郵便局に行って「一円切手」を買ったことがありませんか？

セピア色の小さな一円切手には前島密の肖像が使われています。

「郵便」「葉書」「切手」ということばを発明したのは、前島です。

江戸時代にも「飛脚」や「封書」ということばはありましたが、郵便の制度などはなかったのです。

前島は、江戸末期に長崎でチャニング・ウイリアムズ（後、立教大学創設）から英語やヨーロッパの郵便制度を学びますが、英語がアルファベット二十六文字だけで書けるのに対して、日本語には漢字、〈ひらがな〉〈カタカナ〉など文字が三種類もあることなどの不合理性を感じるのです。

こうして、前島は、慶応二（一八六六）年、徳川慶喜に対して「漢字御廃止之議」という建議書を提出します。

私は、この建議書の原本を見たことがあります。町田市にあった財団法人無窮会《むきゅうかい》図書館というところに所蔵されていたのです。

無窮会は、平沼騏一郎《ひらぬまきいちろう》（第三十五代内閣総理大臣）によって創設された研究所で、国語学、漢文学、日本史の専門家が所蔵した約二十五万冊に及ぶ貴重な蔵書を所蔵してありました。

学生の頃は、毎週のように木曜日と日曜日にお邪魔させてもらって貴重な本を写させていましたが、前島密の建議書も、無窮会図書館に所蔵されていたのです。

今は、その原本も、他の貴重な蔵書もどこへ行ってしまったのかわかりません。図書館は移転しましたが往時の様子ではなく、大変可愛がって下さった先生方も、彼岸へと旅立ってしまわれました。

さて、前島は、外国語を学ぶことによって日本語の不合理な点に気がついたのですが、それは森有礼も同じでした。

ただ、前島は、森のように「日本語を廃止」するより、まず「漢字を廃止」すべきだと考えたのです。

前島と同じように、明治時代の初めに、使っている漢字があまりにも多すぎる。学問をもっとみんなに普及させ、日本人が西洋に負けないようにするためには、使う漢字の数を「制限」しようと言った人がありました。

二〇二三年度下半期まで一万円札の肖像に使われる福澤諭吉です。

アジアが欧米に劣っている理由は漢字だ

福澤諭吉は、子どもの頃、中津（現・大分県中津市）で漢学を学び、漢文の本は自由自在に読めるようになったと自伝の中に書いています。そういう福澤ですから、漢字はたくさん知っていますし、中国の歴史などにも詳しく、漢学の先生になることもできたはずですが、十九歳の時、兄のすすめで長崎に遊学してオランダの学問、いわゆる「蘭学」を学び始めます。

一八五四年のことです。

それは、その前年、ペリーが黒船四隻をともなって、浦賀（現・神奈川県横須賀市浦賀）に現れ、日米両国の利益となるべき貿易を行うことを提案するアメリカ合衆国大統領・フィルモアの親書を幕府が受け取ったこととも大きな関係があります。

実質的に、ペリーから武力で「開国」を迫られたわが国には、オランダから伝えられた砲術を学んで対抗しようという人たちが多く現れていたのです。

漢学にも長《た》けた福澤は、オランダ語もまもなく習得します。

そしてオランダ語の先生になるのですが、横浜で自分のオランダ語がまったく通じないことに愕然としてしまいます。

それは、もはやオランダ語の時代が終わり、英語が世界の「共通語」になりつつあるという現実でした。

福澤は、勝海舟らとともにアメリカ合衆国に渡り、そのことをさらに明確に意識します。福澤だけではありません。前島密も、森有礼も、この時期、海外に行って衝撃を受けた人たちは、ほとんどが思ったのです。

「それにしても、母国語である『日本語』は、身分や出身地の違いによってまったくことばが通じない。難しい漢字を並びたてる『候文《そうろうぶん》』で人をごまかしているようにしか思えない。この国を変えるには、根幹から『日本語』を変えるしかない」と。

でも、どうすればいいのか、それは誰にも分かりません。

日本語の文法が世界の言語と比較してどのように違うのか、日本語が奈良時代からどのように変化してきたのかなど、言語学的な視点から客観的に日本語を研究した人がどこにもいなかったからです。

ただ、福澤をはじめ、日本語をなんとかしなければいけないと思った人たちに共通の考えがありました。

「漢字は、中国の漢民族が発明した文字を借りて使っているものだ。中国が、西洋の列強に蹂躙《じゅうりん》されているのは、漢字を使っているからに違いない」

③漢字が持つ強大な力

動詞も形容詞も活用しない中国語

「漢字文化圏」ということばがあるのをご存じでしょうか。

南はベトナムから北はモンゴル、東は朝鮮半島、そして日本と、広く東アジアは、「漢字」という共通の文字を使って文化の交流を図ってきました。

もちろん、「漢字」は中国大陸の漢民族が発明した文字です。

紀元前一五〇〇年頃、すでに殷（中国では「商」と呼びます）の時代には使われていました。

ところで、中国語という言語は、ヨーロッパ大陸の諸語、あるいは日本語と大きく違うところがあります。

それは、動詞や形容詞でも名詞でも、まったく変化しないということです。

日本語では、「雨が降ります」「雨が降れば」「雨が降りました」「雨が降るとき」など「降る」という動詞が変化します。

英語やフランス語でも、時制や主語の違いによって動詞は変化（「活用」とも）します。

でも、中国語は、まったく変化、活用しないのです。

「雨が降る」というのは、現代中国語では「下雨」と書きますが、「漢文」と呼ばれる文語文では、「雨」としか書きません。

「雨が降ります」「雨が降れば」「雨が降りました」「雨が降るとき」も、すべて「雨」としか書かないのです。

中国語や漢字については、またぜひ詳しく書かれた本で学んでいただければと思いますが、漢字にはもうひとつ、変化、活用しないこととともに、大きな利点がありま す。

読めなくても意味は分かる漢字文化

それは、表意（表語）文字で、一字一字に意味があって、それを理解すれば、どんな人でも意味が分かるということです。

言い替えると、発音はまったく関係ありません。漢字が表す「意味」が分かれば、誰だって共有できるということです。

「一」「虎」「空」「地」、どんな漢字でも構いませんが、ベトナムから朝鮮半島の国でも日本でも、それぞれ漢字の発音は異なりますが、意味を共有することができます。

もちろん、英語も「共通語」として世界中の人たちが英語を勉強して英語で文章を読めるようになれば、発音の違いがあろうと意味を共有することはできるようになります。

十万字は多すぎる

ただ、はるか紀元前の昔から自然と東アジア全体に広がった文化は、「漢字」を共有して作られたものでした。

中国大陸を統治してきた王朝は、絶大な文化力と武力をもって、東アジア全体に君臨してきたのです。

わが国も、「漢字文化圏内」で、漢字を使い、漢文で文章を書くことで、中国や朝鮮半島の国々と政治的に関わりながら独自の文化を形成してきました。

ただ、漢字の総数は、十万字を超えます。

漢文で書かれた文章を十分に理解するためには、少なくとも五千字から一万字の漢字を知っていなければなりません。

そんなにたくさん、漢字を覚えることができるでしょうか。

専門家であれば、それは可能ですが、経済や自然科学を学んでいる人たちにとって、漢字を覚えることはまったく時間の無駄に思えるでしょう。

幕末から明治にかけて、わが国に必要だったのは、西洋列強が持つ造船や建築など、近代的な科学です。数学や物理学、化学など技術を学んでいく上で、漢字の文献はほとんど役に立ちません。

オランダ語や英語、ドイツ語、フランス語を学ぶ必要があったのです。

はたして、これらヨーロッパ諸語を見ると、その基本はアルファベット二十六文字です。これを覚えれば、あとはどんどん単語を覚えていけばいいのです。

漢字のように、複雑な画数の文字を五千字も一万字も勉強して覚えるのは無意味なものとしか感じられませんでした。

森有礼や前島密の「日本語廃止論」「漢字廃止論」も当時の知識人の考え方からすれば、さほど荒唐無稽なことではなかったのです。

④漢字の制限と発音の制限

漢字制限の提案

さて、福澤諭吉は、日本語を廃止すること、漢字を廃止することは無理だろうが、漢字の数を制限することは可能ではないかと考えます。

二〇一〇年に文部科学省が、「法令、公用文書、新聞、雑誌、放送など、一般の社会生活において、現代の国語を書き表す場合の漢字使用の目安」として示した漢字の数は、二一三六字です。

福澤諭吉は『文字之教《もじのおしえ》』に、「文章を書くに、むつかしき漢字をば成る丈け用いざるよう心掛ること」を前提にしてみんなが文章を書いていけば、「漢字の数は二千か三千にて沢山なるべし」と書いていますが、まさに卓見というしかありません。漢学、オランダ語、英語を学び、日本を近代化するには、どうすればいいかと合理的な考えを持って現実を見つめた福澤だからこそ言えたことだったのではないかと思います。

ところで、漢字については、二千字か三千字覚えれば、日本語は困らないだろうと言うことができても、みんなに通じる日本語を作るにはどうすればいいのか、具体的なことは全然分かっていませんでした。

ですが、明治二（一八六九）年の奠都《てんと》によって「江戸」が「東京《とうけい》」（ちなみに、この時から京都は「西京」と呼ばれることになります）になると、東京に各省庁が設置され、政治、経済の中心になってきます。

「山の手ことば」は出来たけれど

ところでみなさんは「山の手ことば」というのをご存じでしょうか。

皇居から東南の部分は、下町と呼ばれるところで、江戸時代「町人」と呼ばれた人たちが住んでいたところでした。

これに対して霞ヶ関、麴町から番町にかけては、もともと譜代大名などが住んでいたところで「山の手」と呼ばれる地域になります。東京の地形からしても「下町」は埋立地で海抜が低く、「山の手」は高台にあるからこういう呼び方をするのですが、明治時代の高位高官も、「山の手」に住むことになります。

すると、自然に役人たちが話す日本語が「山の手ことば」として生まれてくるようになるのです。

もちろん、いつのまにか「山の手ことば」が出来たとは言っても、これを日本全国に広めていくのは簡単なことではありません。

このためには、「日本語」を、言語学という大きな視野で見つめることができる人が必要でした。

それを日本で行ったのは、バジル・ホール・チェンバレン（一八五〇〜一九三五）というイギリス人でした。

チェンバレンは、明治十九（一八八六）年に、帝国大学（現・東京大学）に招かれると、博言学（現在の「言語学」）の教師となります。

チェンバレンの業績として非常によく知られるのは、『古事記』の英訳でしょう。

この『古事記』の英訳は、現在でも決して価値が失われるものではありません。

と言うのは、本居宣長の『古事記伝』を縦横に用いて、奈良時代以前の日本語をどのように復元するかという言語学的視点で訳されているからです。

チェンバレンは、また、琉球語の研究も行い、琉球語が古い日本語と共通していることを明らかにし、さらにアイヌ語の研究によって、アイヌ語が日本語や琉球語とはまったく祖語が共通していないことを証明するのです。

チェンバレンの日本語の研究は、じつは、ドイツやフランスで行われていた「比較言語学」と呼ばれる最先端の研究に基づくものだったのです。

日本語のルーツはどこにある？

ところで、チェンバレンが行った「比較言語学」は、ヨーロッパで使われる英語、フランス語、イタリア語、スペイン語、ドイツ語、オランダ語などが、どのようにして発達してきたかを明らかにしようとしたものでした。

これによれば「印欧祖語」という言語があって（グレイとアトキンソンによれば約八七〇〇年前）、ここから漸次、ヨーロッパ諸語は変化して現在のようになったと言われているのです。

チェンバレンは、同じように、日本語の古語の研究をしていけば、日本語の祖語を発見することができるのではないかと考えます。

ただ、日本語の場合は、紀元前にまで遡ることができる文献があまりにも少なすぎて、結局、現代に至るまで、日本語の祖語がどういうものであったのか、明らかにすることはできていません。

大野晋《すすむ》（一九一九〜二〇〇八）は、インドの西南部ドラヴィダ族のドラヴィダ諸語と系統が共通するのではないかという説を発表しますが、言語学者からは必ずしも認められてはいません。

さて、チェンバレンの日本語祖語の研究は非常に興味深いことですが、明治時代、「共通語」を作ろうとしていた明治政府にも大きな影響を与えます。

それは、福澤諭吉が、日常に使われる日本語における漢字の使用数を二千から三千程度で十分であると考えるのと同じように、日本語の発音もその数を限定してみれば、話しことばとしての発音を一定にすることができるのではないかという考えです。

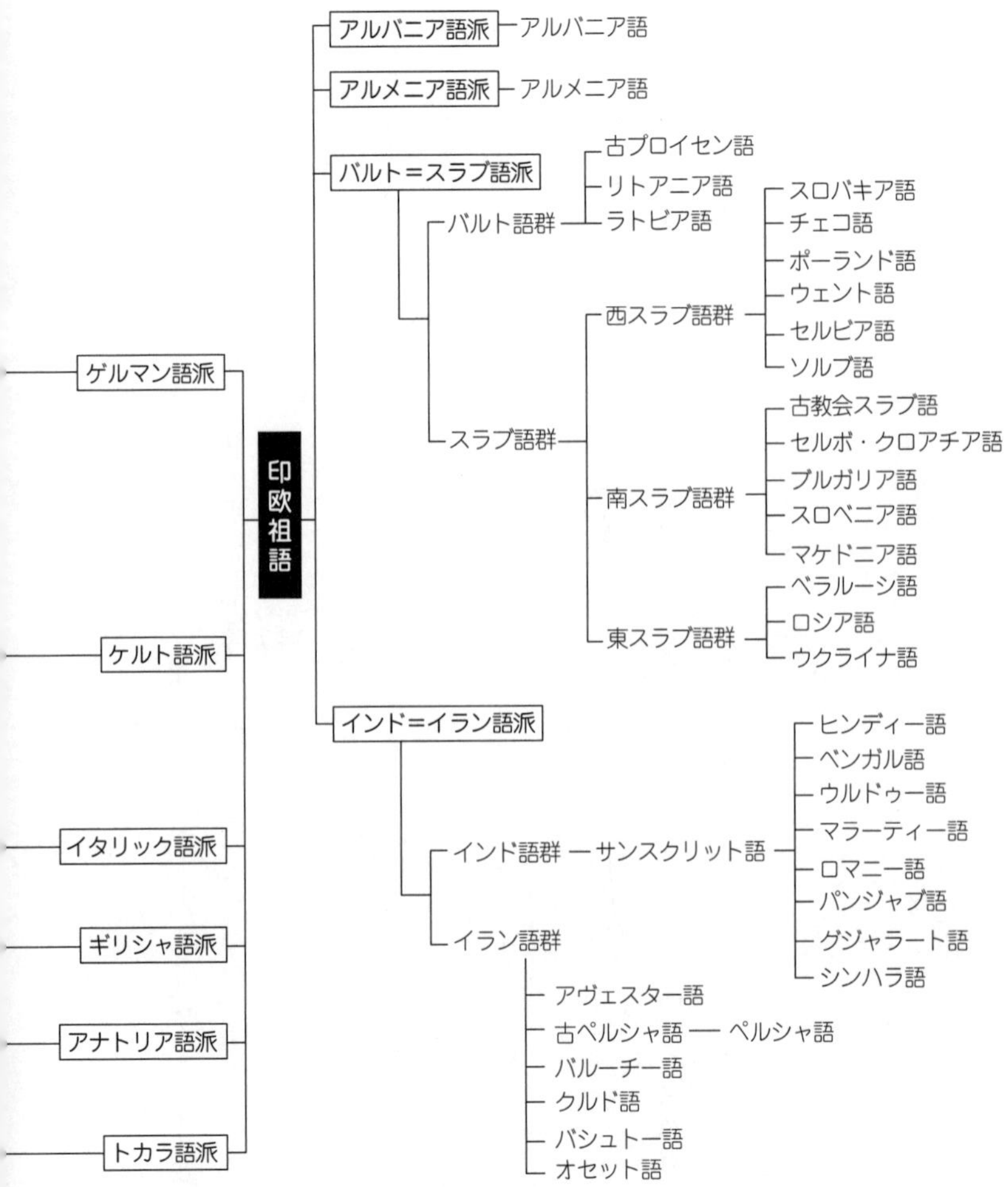
印欧祖語
ゲルマン語派
ケルト語派
イタリック語派
ギリシャ語派
アナトリア語派
トカラ語派
アルバニア語派
アルバニア語
アルメニア語派
アルメニア語
バルト＝スラブ語派
バルト語群
古プロイセン語
リトアニア語
ラトビア語
スラブ語群
西スラブ語群
スロバキア語
チェコ語
ポーランド語
ウェント語
セルビア語
ソルブ語
南スラブ語群
古教会スラブ語
セルボ・クロアチア語
ブルガリア語
スロベニア語
マケドニア語
東スラブ語群
ベラルーシ語
ロシア語
ウクライナ語
インド＝イラン語派
インド語群
サンスクリット語
ヒンディー語
ベンガル語
ウルドゥー語
マラーティー語
ロマニー語
パンジャブ語
グジャラート語
シンハラ語
イラン語群
アヴェスター語
古ペルシャ語
ペルシャ語
バルーチー語
クルド語
パシュトー語
オセット語

◆印欧祖語の分化

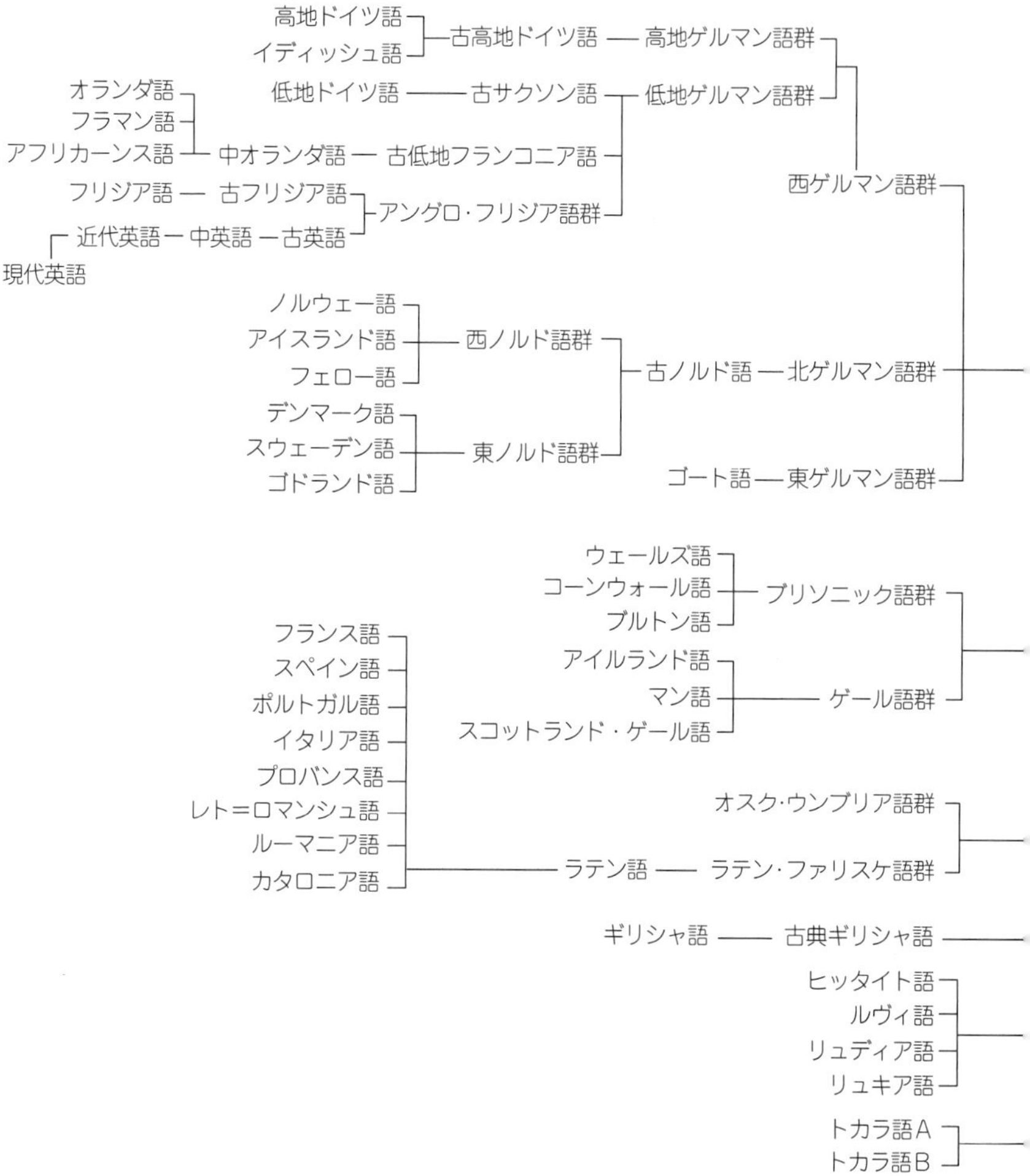
高地ドイツ語
イディッシュ語
古高地ドイツ語
高地ゲルマン語群
オランダ語
フラマン語
アフリカーンス語
低地ドイツ語
古サクソン語
低地ゲルマン語群
中オランダ語
古低地フランコニア語
西ゲルマン語群
フリジア語
古フリジア語
アングロ・フリジア語群
近代英語
中英語
古英語
現代英語
ノルウェー語
アイスランド語
フェロー語
西ノルド語群
古ノルド語
北ゲルマン語群
デンマーク語
スウェーデン語
ゴドランド語
東ノルド語群
ゴート語
東ゲルマン語群
ウェールズ語
コーンウォール語
ブルトン語
ブリソニック語群
アイルランド語
マン語
スコットランド・ゲール語
ゲール語群
フランス語
スペイン語
ポルトガル語
イタリア語
プロバンス語
レト=ロマンシュ語
ルーマニア語
カタロニア語
ラテン語
オスク・ウンブリア語群
ラテン・ファリスケ語群
ギリシャ語
古典ギリシャ語
ヒッタイト語
ルヴィ語
リュディア語
リュキア語
トカラ語A
トカラ語B

⑤書くのは五十音、聞くのは二百音

書くのは五十音に絞ろう

すでに、読者の中にはお気づきの方も少なくないのではないでしょうか。

発音を制限するために、明治政府が使用したのは「五十音図」です。

日本語の発音は、母音が五つ、子音の「k, s, t, n, h, m, y, r, w, g, z, d, p」と母音を組み合わせれば、ほとんど網羅することができるのです。

ただ、「書く日本語」と「話す日本語」では、発音が異なるものが少なくありません。たとえば「すし」や「いえ」など、基本的な語彙ですが、東北弁では「す」と「し」、「い」と「え」が同じようになってしまうことがあります。

同じように「せんせい」ということばも、九州では「シェンシェイ」となって「センセイ」とは発音していませんでした。

明治十八（一八八五）年、言語学的に日本語の音韻の数がいくつあるのかを研究したものがあります。

丸山平次郎『ことば乃写真法』という本です。

これによれば、当時の日本語の発音は、二百五音あったということが知られます。

日本語を書き分けるには「五十音図」があればいいのですが、「言い分ける」「聞き分ける」ためには二百五音の違いを知らなければならないことが分かったのです。

はたして、実際にこんなに多くの発音の言い分け、聞き分け（専門用語ではこれを「音素」と言います）が必要なのか。

漢字の数を制限するのと同じように、発音の言い分け（音素）を、もっと減らして簡単にしていけば、日本語の方言も少なくなり、「共通語」ができるのではないか。

折しも、わが国は明治二十二（一八八九）年二月十一日の「大日本帝国憲法」公布、翌明治二十三（一八九〇）年十一月二十九日の帝国議会の開会に向けて、「共通語」の必要が切迫していたのでした。

近代日本語への一大進展

日本語にとって激動の時代が始まるのは、この帝国議会の開会から夏目漱石が『吾輩は猫である』を出版した明治三十八（一九〇五）年までのことです。

そして、明治四十一（一九〇八）年六月二十六日に、「言文一致」つまり共通語をどうするかという「近代日本語」をめぐる大きな岐路がやってくるのです。

じつは、「言文一致」には、チェンバレンの弟子であった上田万年とその友達だった夏目漱石の「日本語」に対する意識がとても重要な働きをしていたのです。

さきに、チェンバレンは、アイヌ語や琉球語の研究をしたと記しましたが、この時、研究の助手として帝国大学の学生だったのが、上田万年です。

万年は、チェンバレンの助手を務めた後、ドイツとフランスに留学し、日本人として初めて「比較言語学」の方法を学んだ人物です。

留学から帰国した万年は、帝国大学博言学講座教授に就任し、国語研究室を発足させ、また「言語学会」を起ち上げ、明治三十六（一九〇三）年には「言文一致」の表記法を使った『仮名遣教科書』の発行などを行うのです。

また、夏目漱石は、明治三十三（一九〇〇）年九月から明治三十六（一九〇三）年一月まで文部省の奨学金給付によってイギリスに留学しますが、この文部省での漱石の留学の後押しをしたのは、万年でした。

万年と漱石は多くの共通する友人を持っていたのです。

たとえば、漱石と同時に、文献学研究を目的にドイツに留学した芳賀矢一は万年の一番弟子で、漱石の家を訪れて、文部省に向け「漱石が神経衰弱になっているから、帰国させたほうがいい」と打診した人でした。

漱石は帰国後、東京帝国大学等で英文学の講師を経て小説家になりますが、その最初の小説『吾輩は猫である』は、万年が「言文一致」で採用しようとした仮名遣いを使って書かれているのです。

さらに言えば、上田万年と幸田露伴は、斎藤緑雨という小説家を通じて、とても親しい仲でした。

明治三十（一八九七）年、京都帝国大学が創設された時、文学部教授として幸田露伴は呼ばれますが、それを決めたのは京都帝国大学文科大学初代学長の思想家・狩野《かのう》亨吉《こうきち》です。狩野亨吉と漱石は二人が東京帝国大学に在学中からとても仲がよく、狩野と万年も、東京帝国大学在学中から友人でした。

当時の大学や文学界の人間関係は、現在よりもっと緊密で親しい関係で結びついていたのです。

ただ、その間で二つの潮流に分かれていたとすれば、保守派と改革派です。

保守派の主流は、天皇を担ぎ出して「伝統」を振りかざす長州藩と薩摩藩です。文学界で言えばその筆頭は鷗外です。

改革派は、もっと教育を充実するために簡便な日本語表記を作り出そうという人たちです。万年はもちろんこちら側にいて、世界の言語と同じように、日本語も変化していくという言語学的視点から、日本語表記の改革を行うのですが、漱石は、そうした学問研究を踏まえて、新しい文学を、新しい日本語表記で行おうと考えたのでした。

残念ながら、鷗外とその一派の攻撃で、改革派の企図は挫折してしまいます。

これが、明治四十一（一九〇八）年の「新仮名遣い不採用」の文部省の決定でした。

私は、日本語の歴史ということから考えて、もし、この時「新仮名遣い」が採用になっていたら、もしかしたら大東亜戦争は起こらなかったのではないかと思うのです。

みんなが言いたいことを言えない世界、情報が難しい堅苦しい言葉で民衆に伝えられ、みなが何がなんだか分からないままに戦争に駆りだされるという事態になったのは、「新仮名遣い」が採用されなかったからかもしれないと考えるからです。

Part Ⅳ

日本語のひろがり

「ら抜き」は「ことばの乱れ」か？

ら抜きことばの原因は室町時代にあり

「会長が来られる」と小耳に挟《はさ》んだとします。前後のことばがまったくなかったとしたら、みなさんは、このことばをどのように理解しますか？

こんなふうに思う人も多いのではないでしょうか。

・何言ってるの？
・来ることができるって？　可能ということ？
・尊敬？　だったら「いらっしゃる」とか「お見えになる」と言えばいいのに
・ことば遣いが古くさい

一般に「ら抜きことば」と呼ばれるものについては、二つの視点から考えることができます。

ひとつは「ことばの乱れ」です。こう言ってしまったほうが簡単なので、多くの人は、「最近の若い人は」的な批判で片付けてしまいます。

ですが、はたしてそうなのでしょうか。じつは、言語学的な、あるいは日本語史的視点で言うと、この現象は室町時代後期に起こる五段活用の影響なのです。

文法の話は苦手という方も少なくありませんので、少しだけ分かりやすく説明します。

現代日本語の「読む」は、

読ま―ない
読み―ます
読む―とき
読め―ば
読め！
読も―う

と「まみむめも」の五段全部を使って活用します。

これに対して、古語は、

読ま―ず
読み―たり
読む。
読む―とき
読め―ば
読め！

と、「まみむめ」の四段しか使いません。
「四段活用」から「五段活用」が起こったのが、室町時代だったのです。

ところで、「る・らる」という助動詞があります。
これを使って「読むことができる」（可能の意味の現代日本語）は、
古語＝「読むる」
室町時代以降の五段活用＝「読まれる」
「お読みになる」（尊敬、ていねいの意味の現代日本語）は、
古語＝「読まる」
室町時代後期以降の五段活用＝「読まれる」

となって、混同してしまいます。

このことによって、可能の意味の「読まれる」は、次第に「まれ」の部分が「め」に変わって、「読める」になってしまうのです。

これが「ら抜きことば」が生まれてくる原因だったのです。

ら抜きことばを流行させた川端康成

室町時代後期から「受身・尊敬・可能・自発」の四種類の意味を持っていた助動詞「る・らる」は、現代日本語の「れる・られる」に次第に変化してくる過程で、「可能」の意味を表す「読まれる」「見られる」「着られる」などが、「読める」「見れる」「着れる」など、「ら抜きことば」になっていくのです。文法に即した表記で言えば、上一段活用と下一段活用、カ行変格活用の場合に「ら抜き」とされるケースがほとんどだと言えるでしょう。

このことによって「読まれる」「見られる」「着られる」は、聞き手（読み手）にすぐにこのことばは「尊敬」か「受身」だなと判断できるようになるのです。

「ら抜きことば」は「ことばの乱れ」と言うのは、表層的なものの見方でしかありません。

ただ、ひとつ付け加えておけば、室町時代後期から始まる動詞の五段活用とそれにともなう助動詞「る・らる」の活用の変化（「ら抜き」への傾向）は、京、大坂、江戸などの都市部で拡大し、それが次第に地方に及んでいくことになります。

これが、一気に広がるのは大正時代から昭和初期です。川端康成の初期の作品『浅草紅団《あさくさくれないだん》』は昭和四（一九二九）年十二月から東京朝日新聞夕刊に連載されたものですが、絶大な人気のあった、ちょっとした探偵小説です。

この中で、川端は「ら抜きことば」を連発します。もちろん、この後の川端のベストセラー『伊豆の踊子』『雪国』なども「ら抜きことば」でいっぱいです。

おそらく、「ら抜きことば」を全国に蔓延させたのは川端の小説だったのではないかと思われます。

「ら抜きことば」は「日本語の乱れ」と言うのであれば、それは川端に責任があるのかもしれません。でも、ぼくは、川端の責任だとは言いません。「ら抜きことば」という現代日本語の現象は、室町時代後期から次第に起こる日本語の変化によって、生じたことだと知っているからです。

昔から「略す」のが日本語

使われなくなった合わせ文字

日本語の発音が、古代からすればどんどん簡単になってきたということについていくつか書いてきました。

同様に、書きことばも簡単になってきます。

新仮名遣いももちろんそうです。新字体の漢字もそうでしょう。

新字体の漢字については、「禮儀」が「礼儀」などと画数も減り、見た目にもスッキリしています。

ところで、江戸時代の本を読んでいると、今となっては見ることができなくなった「合字」と呼ばれる合わせ文字にお目に掛かることが少なくありません。

というより、これを知っていないと、江戸時代の本は読むことができません。

Wikipediaでは、「合略仮名」として紹介してありますが、こんなものがあります。

◆合字のあれこれ

ゟ	より
	こと
ヿ	コト
𪜈	トモ
𬼀	トキ
𬻿	シテ

	瑠璃
𦫿	華厳
𦬇	菩薩
	室生
	釈迦
	電車

よく使うことばは簡単に

〈ひらがな〉の「ゟ（より）」は「よ」と書く途中で「り」の終わりに繋いだもの。〈カタカナ〉の「ヿ（コト）」は「コ」の第一画と「ト」の第一画を合わせて書いたものです。

こう言われると「トキ」にしても「トモ」にしても、二つの〈カタカナ〉を「合字」にして書いていることが分かるでしょう。

文章を書いていて、いつも出てくることばを、簡略化して書いたほうが楽じゃないかという発想で生まれた文字だったのです。

〈ひらがな〉ではありませんが、日本で作られた国字のうち、次のようなものは「合字」方式で生まれたものです。

麿＝麻＋呂
粂＝久＋米
杢＝木＋工

などです。

他にも「菩薩」。画数も多く、仏教経典を書く際には、何度も出てくることばを

158ページのように書いたものもあります。これは「菩薩」のそれぞれの漢字の「艹」を二つ縦に並べて略字としたものです。

同じようなものでは「女」を縦に二つ並べたものがあります。何だかお分かりでしょうか。

「娑婆」です。どちらの漢字にも「女」が付いているので、「縦に女二つ」と書いて一字にしたのです。

時制はＡＩには難しい

いつも元気？　今日は元気？

青森県五所川原出身の人と、つきあっていたことがあります。学生時代ですから、もう今から四十年ほど前のことです。

この方に、「ようじ、おめえ、元気だー」と、よく言われていました。五所川原方言で、「ようじ、お前はいつも元気だなー」という意味です。

ぼくは落ち込むこともほとんどありませんが、彼女のことばを聞くと、余計元気になったのでした。

さて、ぼくの友達の一人に、賢太という人がいました。

賢太は、いつも溜息をついて「疲れた」「お金がない」を繰り返していたのですが、ある時、「パチンコで大勝ちしたから食事をおごるぜー」と言うので、彼女と一緒に行ったのです。

すると、ぼくの彼女が、「賢太、元気でら」と言ったのです。

「ねぇ、ぼくは？」と彼女に訊くと、「ようじは、元気だー」と言うのです。

「元気だー」と「元気でら」の違いがお分かりの方もいらっしゃるかと思いますが、「元気でら」のほうは、「いつもは元気でない賢太が、今日だけは元気だ」という意味なのです。

そう言えばと、ぼくの実家の佐世保弁にも同じようなものがあるなぁと思い出しました。

佐世保の母は、「ようじは、元気ね～」とよく言います。

でも、一週間ほど連絡をしなかったりすると、「ようじ、元気ね？」と訊いてくるのです。

「ようじ、お前は今日は元気なのか？」という意味です。

佐世保弁では「は」の有無だけですが、ニュアンスがまったく違います。

また、「今日、習字ー」と言うと、「今日は、毎週通っている習字の練習の日」という意味になります。

「今日は、習字」と言うと、「いつもは、プールや算盤やギターやピアノなどを習う日なんだけど、今日だけは習字を習いに行く」という意味になります。

同じように、五所川原方言でも、「今日、習字だー」と言うと「今日は、毎週通っている習字の練習の日」、「今日、習字でら」と言うと、「いつもと違って今日だけ習字に行く」という意味になるというのです。

AIはニュアンスを汲み取れるか

言語学の専門用語で言うと、「ようじ、おめえ、元気だー」「ようじは、元気ね〜」は、「時間的限定性中立」の表現と言います。

これに対して「賢太、元気でら」「ようじ、元気ね？」のほうを「時間的限定性明示」の表現と言います。

「本質的なもの」なのか「一時的現象」なのかが言語の形態論的な手段で表現するものと言うことができるでしょう。

イタリア語にも、似たようなものがあります。

Jaime es viejo.（ser 動詞を使用）∴ハイメは年寄りだ。
Jaime está viejo.（estar 動詞を使用）∴ハイメは年を取った。

どちらも「ハイメは（現在）年寄りである」ことを言うのですが、後者には「以前は年寄りではなかったのに、最近急に年を取った」というニュアンスがあります。

ＡＩを使ったコミュニケーションが発達しつつありますが、こうした細かなニュアンスをどこまでＡＩは解析できるのでしょうか。

あるいはＡＩの進化は、こうしたニュアンスの違いを消し去る方向に、人の言語を変えてしまうのではないかとも考えてしまうのです。

義務教育と国語の時間

国語の授業は減少傾向

一般的に、日本人は、十五歳で中学校卒業を迎えます。

小学校入学が六歳からですから、九年間の義務教育を経て、現代ではこのまま高校に進学するという方が少なくないでしょうが、義務教育を受けてさえいれば、社会生活を歩める最低限のことは身につけることができるということになっています。

さて、さまざまな年代の人がいますが、みなさんは、義務教育でどれくらいの時間の国語教育を受けましたか？

小学校の授業は一単元四十五分、中学校は五十分ですが、概算で出された表がありますのでこれを参照したいと思います（平成二十年現在）。

ご自分の年代と今の年代と比べてみて下さい。ぼくは一九六一年改定組に入りますので、九年間に、二〇九三時間の国語の勉強を受けたことになります。

◆義務教育で学ぶ国語の時間

施行年	小学校	中学校	合計
1947年（昭和22年試案）	1260	595	1855
1950年（昭和26年試案）	2208	490	2698
1961年（昭和33年改定）	1603	490	2093
1971年（昭和43年改定）	1603	525	2128
1980年（昭和52年改定）	1532	455	1987
1992年（平成元年改定）	1601	455	2056
2002年（平成10年改定）	1377	350	1727
2011年（平成20年改定）	1461	385	1846
2020年（平成29年改定）	1461	385	1846

今の人たちに比べて、二百四十七時間も多く国語を習っていたのです。

それでは、この二百四十七時間が、どれほどの差なのかを知るために、次のページの表も見てみましょう（大塚薫「外国人児童・生徒に対する基本語彙考」／二〇〇九年高知大学総合教育センター修学・留学生支援部門紀要第三号から）。

外国人が初級日本語レベル程度を勉強するのに必要なのが三百時間。でも、これでは日本語で生活することは決してできません。この表の3にも記されているように「日常生活に役立つ会話ができる」程度しか日本語は習得することができないのです。

この初級日本語コースにプラス三百時間に達すると、中級日本語レベルに達します。

つまり、現代日本の義務教育のなかで国語の単元は、一段階アップするための時間が足りていないことになるのです。

さて、もうひとつ表を出しましょう。

これは各学年の義務教育の「国語科」で「読むこと」に配当される時間数を計算したものです。

簡単に言うと、現在五十歳代の人に比べて、現在二十歳代の人は、中学校だけでも、「読む」ということに半分くらいの時間しか使っていないということが明らかで

◆日本語能力試験の構成及び認定基準

級	構成			認定基準
	種別	時間	配点	
1	文字・語彙 聴解 読解・文法 計	45分 45分 90分 180分	100点 100点 200点 400点	高度の文法・漢字(2,000字程度)・語彙(10,000語程度)を習得し、社会生活をする上で必要な、総合的な日本語能力(日本語を900時間程度学習したレベル)
2	文字・語彙 聴解 読解・文法 計	35分 40分 70分 145分	100点 100点 200点 400点	やや高度の文法・漢字(1,000字程度)・語彙(6,000語程度)を習得し、一般的なことがらについて、会話ができ、読み書きできる能力(日本語を600時間程度学習し、中級日本語コースを修了したレベル)
3	文字・語彙 聴解 読解・文法 計	35分 35分 70分 140分	100点 100点 200点 400点	基本的な文法・漢字(300字程度)・語彙(1,500語程度)を習得し、日常生活に役立つ会話ができ、簡単な文章が読み書きできる能力(日本語を300時間程度学習し、初級日本語コースを修了したレベル)
4	文字・語彙 聴解 読解・文法 計	25分 25分 50分 100分	100点 100点 200点 400点	初歩的な文法・漢字(100字程度)・語彙(800語程度)を習得し、簡単な会話ができ、平易な文、又は短い文章が読み書きできる能力(日本語を150時間程度学習し、初級日本語コース前半を修了したレベル)

◆中学で「読むこと」に配当された時間数

施行年	各学年の「読むこと」配当時数	「読むこと」中学総時数
1971年	1年…88／2年…105／3年…123	316時間
1980年	1年…88～105／2年…56～70／3年…98～112	242～287時間
1992年	1年…88～105／2・3年…70～95	225～295時間
2002年	1年…42～70／2・3年…42～63	126～202時間
2011年	1・2年…55～75／3年…45～65	155～215時間
2020年	1・2年…55～75／3年…45～65	155～215時間

す。

これでは、日本語の語彙が足りなくなること、日本語の表現力が低下すること、本が売れなくなってしまうことも明らかです。

英語の勉強も大切かもしれませんが、もっと国語の授業数を増やし、読む時間に費やすことの大切さを国民全体で共有することが大切なのです。

漢字をローマ字に変えてしまえ！

新仮名遣いと旧仮名遣いの分岐点

昭和四十五（一九七〇）年、三島由紀夫が割腹自殺した年です。

この頃は、国語学や言語学など日本語史などの分野で、非常に多くのユニークな研究が続々と発表されていました。

今から、約五〇年以上前の調査です。

日本語の仮名遣いという点から言えば、一九四六年から新仮名遣いを使い始めた人たちと、戦前の旧仮名遣いが書きやすいという人たちの年代がちょうど重なる頃でした。

また、進駐軍が全国に配布したローマ字書きの子ども用の読み物などによって育った人がローマ字で日本語を書いたほうがいいのではないか、複雑な漢字を勉強するより、もっと世界中からの情報を急速、正確に受け取ることができるのではないかと、議論がされている時代でもありました。

アメリカでは、「パーソナルコンピュータの父」と呼ばれるアラン・ケイ（一九四〇〜）が、オブジェクト指向プログラミングとユーザーインターフェイス設計によって、現代のパソコンに繋がる革命的発明を行った年にあたります。

コンピュータ言語などということばが登場するのもこの時代です。

「荒い」漢字仮名交じり文

さて、この年、高橋達郎氏が『日本語の機械処理――コンピュータによる印刷革命』（東洋経済新報社）という本を書いています。

その中で、高橋氏は、「文字体系」と「文字列の長さ」ということについて調べています。一九六九年五月二十六日付け朝日新聞の社説の一部をローマ字、〈ひらがな〉だけ、漢字仮名交じりで書くと、どれくらいの文字数になるかというのです。

必ずしもこの当時の文章でなくても、もちろん、今の日本語の文章でも結果は同じなのですが、高橋氏が集計しているものがすでにあるので、これを使わせてもらいましょう。

さて、例文は、「五年間の時限立法である点にも問題がある。今後おそらく多様な形で、全国的に大学改革が進められると思われるが、その間この法律を軸にした国家統制的な雰囲気が、学園に強められることは、決して好ましいことではないだろう」というものです。

この文章は、漢字仮名交じり文で書かれていますが、104字です。それでは、これを〈ひらがな〉だけで、あるいはローマ字で書いてみたらどうでしょう?

これによれば、文字列の長さは、〈ひらがな〉だけの文章は、漢字仮名交じり文の1・3倍、ローマ字文は漢字仮名交じり文の2・7倍になります。じつは、この当時、「二つ以上の文字体系によって、同じ音訓を示した場合、文字列が短い文字体系は荒さが大きい文字体系である」という議論が多数なされていたのでした。

そして、その「文字体系の荒さは、一文字あたりの平均音節数によって表される」と言うのです。右の文章を、それぞれ一文字に対する音節数で計算すると、ローマ字は0・47、〈ひらがな〉だと0・9、漢字仮名交じり文にいたっては1・27となります。

つまり漢字仮名交じり文は、漢字に〈ひらがな〉〈カタカナ〉が混じるだけではなく、時に〈ひらがな〉や〈カタカナ〉を使った振り仮名などが加筆されるなど、統一感がない文体のように見えるというので、これをやめてローマ字を使うようにしようという議論がなされたのでした。

ところで、みなさんはパソコンを使って日本語を入力するのに、かな入力を使って

◆文字列の長さの違い

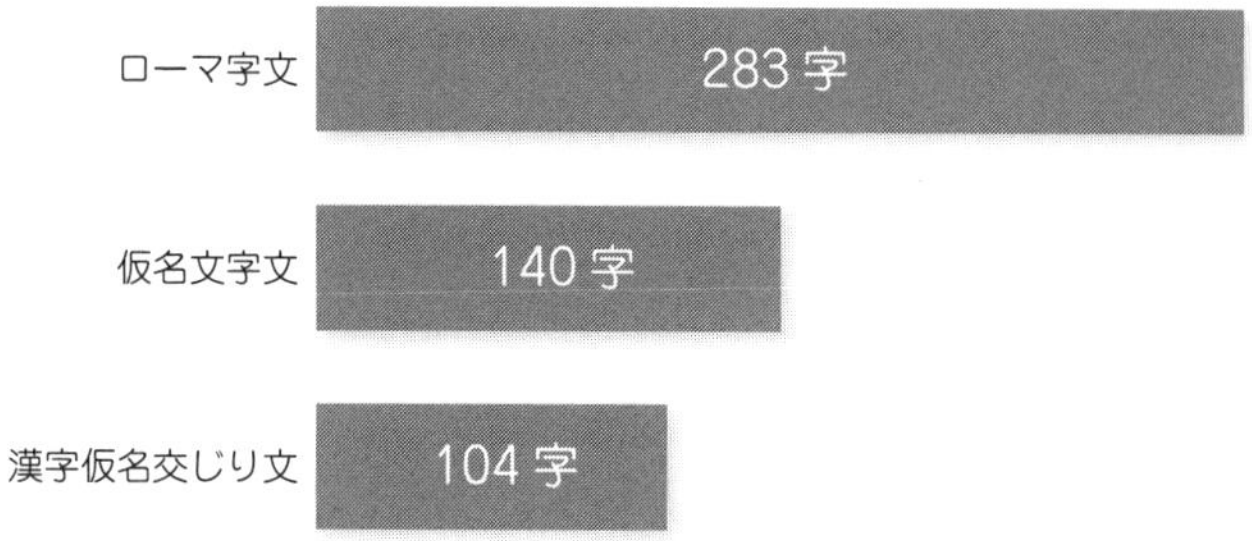

いますか、ローマ字入力ですか？
ぼくも含めて、圧倒的にローマ字入力を使うという人が多いと思います。
このパソコンでのローマ字入力が増える背景には、じつは、一九六〇年代後半から七〇年代にかけての、こうしたローマ字文普及を奨励する「一見科学的」研究などがあったのでした。

「感じる」か「感ずる」か

「○○する」は乱れたことば？

競馬を楽しむ人たちのことばに「競馬する」「馬券する」などということばがあります。

自分が買った馬券が当たるかどうか、狙った馬が一着から三着に入るかというような意味で、「的中する」という意味と同じです。

「この馬が競馬するかどうかわからない」とか「馬券するだろうと期待して！」などと使われるようです。

さて、古代から、日本語では、「漢語＋する」で日本語の動詞にしてしまうということが行われてきました。「印刷する」「食事する」「勉強する」など、同じような例はいくらでも挙げることが可能です。

ところで、一九八一年刊『大都市の言語生活（国立国語研究所報告70-1・2）』（三省堂）に挙げられた面白い研究に「サ変動詞をめぐって」というものがあります。

じつは、現在の「ら抜きことば」が問題とされるように、一九八〇年代初頭の日本語表現の問題は、「察しる」「感じる」は正しいのか？　これは「語法の揺れ」「ことばの乱れ」なのではないか。「察する」「感ずる」という正しいことばを使うべきではないかという議論が起こっていたことを背景に調査がなされたのでした。

混ざり合った「感じる」と「感ずる」

ちょっと文法的な話をすると、「察する」「感ずる」は、サ変動詞が一段化した結果「察しる」「感じる」に変化したものなのです。

例えば、

「為《な》す」という意味の「す」は、

せ、し、す、する、すれ、せ（よ）

「講ず」は、

ぜ、じ、ず、ずる、ずれ、ぜ（よ）

と変化します。

古語「察す」は、「察せず」「察したり」「察す」「察すれば」「察せよ」だったの

◆大都市におけるサ変動詞の推移

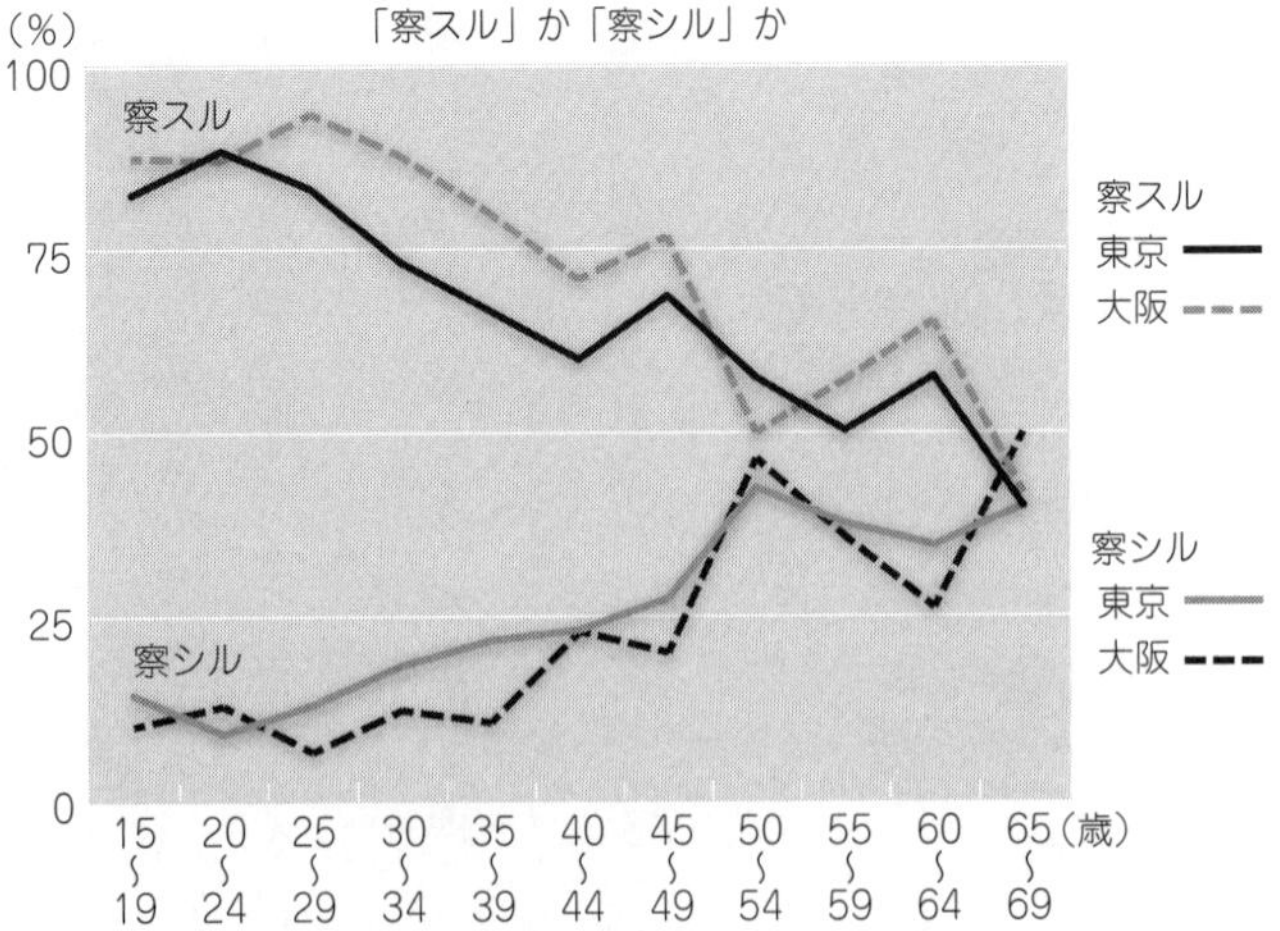

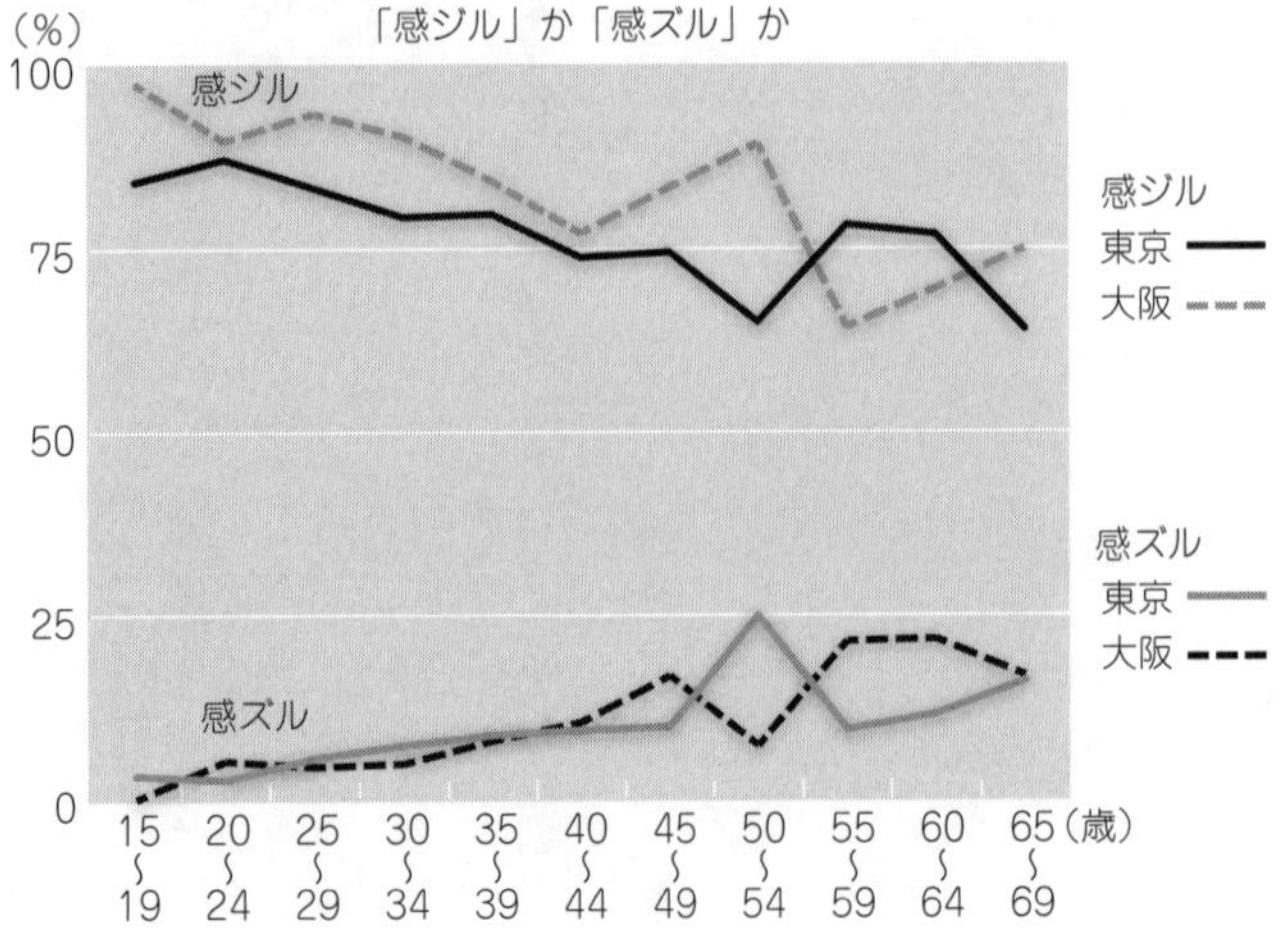

が、現代語では「察せない」「察しない」「察さない」、「察します」、「察する」、「察する時」、「察せよ」「察しよ」と変化するのですが、連用形の「察します」と終止形の「察する」が混同して「察しる」となっていた時期がありました。

同じように、古語「感ず」は、「感ぜず」「感じたり」「感ず」「感ずれば」「感ぜよ」は、「感じない」「感じます」「感じる」「感じれば」「感じよ」に変わりますが、その過程で終止形に「感ずる」と「感じる」が混用される時代があったのです。

これが、この調査が行われた一九七五年頃に六十五歳以上の年齢の人、つまり明治時代の後半に生まれた人たちの言い方だったのです。

引き締まった文章から柔らかい文章に

サ変動詞の時代の変化とは異なりますが、文章の書き方ついでにもうひとつ付け加えておきましょう。

- 町へ行き、映画を観た。
- 資源もあり、技術水準も高い国。
- ボートを漕ぎ、川を渡った。

もちろん、これらは意味は通じますし、決して不思議な文章でもありません。

ですが、

・町へ行って、映画を観た。
・資源もあって、技術水準も高い国。
・ボートを漕いで、川を渡った。

と書いたほうが、現代的な感じがしますし、より口語的とも言えるでしょう。

別の言い方をすれば「行き」「あり」「漕ぎ」などのほうは、漢文的で、歯切れがよく、引き締まった文章になります。


一九八二年、ぼくが大学二年生だった頃、八十歳を過ぎた先生に、叱られたことがあります。それは、「行って」「あって」「漕いで」式で文章を書いた時でした。

「文章というものは、だらだら書くもんじゃねぇ、鼻たれ」

その先生は、「嬉しく感ずる時は、嬉しいと言ってはいけない」とも教えて下さいました。

窓口での応対について

怒りの多い窓口問い合わせ

コロナ禍で、大学が閉鎖され、遠隔授業になった時のことです。大学の事務は、学生や保護者からの問い合わせだけでなく、先生たちからの電話が殺到して大変だったと聞きました。

苦情もたくさん寄せられたと聞きます。

最近は、分からないことへの質問など、電話で問い合わせると、オペレーターの方に繋がる前に「電話応対向上のため、この電話は録音されます」というアナウンスも流されることになりましたが、問いかける側にも答える側にも、それぞれの言語行動に不十分なところがあって、うまくコミュニケーションが取れない場合も少なくありません。

さて、平成二十四（二〇一二）年、新潟県が十五の県立病院に対して行った調査報告があります。調査の目的は、「県民の皆様が県立病院に対し、どのようなお考えやご要望をお持ちになっているかを伺い、今後の『信頼される県立病院づくり』の参考にさせていただくために実施した」と記されています。

https://www.pref.niigata.lg.jp/uploaded/attachment/25850.pdf

調査対象は、十五の県立病院圏域内に居住する満二十歳以上の男女個人。全体回収数は三七七九とのことです。

この中に、「県立病院に関して不快に感じたことや不愉快な経験など」の項目に「人的面への不満」として、上のような回答が寄せられたとあります。

みなさんの中にも「ほんとだ、病院に限

◆県立病院への不満

人的面への不満

- ▶ 態度が高圧的である。言葉遣いに温かみがない。ぶっきらぼうである。
- ▶ 病状の説明が十分でない。
  説明を求めてもしてくれなかったことがあった。
- ▶ 私語が多い。他の人に聞かれたくないのに、小声で話さない。
  他人に丸聞こえ。
- ▶ 態度が冷たく、言葉づかいも悪くて余計に具合が悪化して、
  少し遠くても別の病院に行くようになった。
- ▶ 対応がひどい。接遇や接客のマナーを学んだらよいと思う。
  階段の隅などで集まり、内部の悪口を言っているのは感じが悪いし、
  聞こえます。患者さんみんな見ています。

らず、役所もまったく同じだ」と思う方がいらっしゃるのではないかと思います。

ただ、ここでは「不満」は、利用者からのものですが、利用者に対応している人にも、仕事とはいえ「不満」はあるのです。

窓口の担当者も怒っている

今から五十年以上前、雑誌『言語生活』(一九七〇年、二二三号)の「窓口のことばと意識」に報告されたものには、「窓口従事者が利用者から受ける不満」として、

・せっかちな態度で話しかけられて気分的に落ち着かなかった。
・質問の仕方がくどかった。
・質問不充分で理解できなかった。
・からかい半分の態度をされた。

と記されています。

銀行や役所の窓口で対応する人たちに聞くと、今もこれとほとんど変わらない答えが返ってくるのです。

◆窓口の不愉快さ

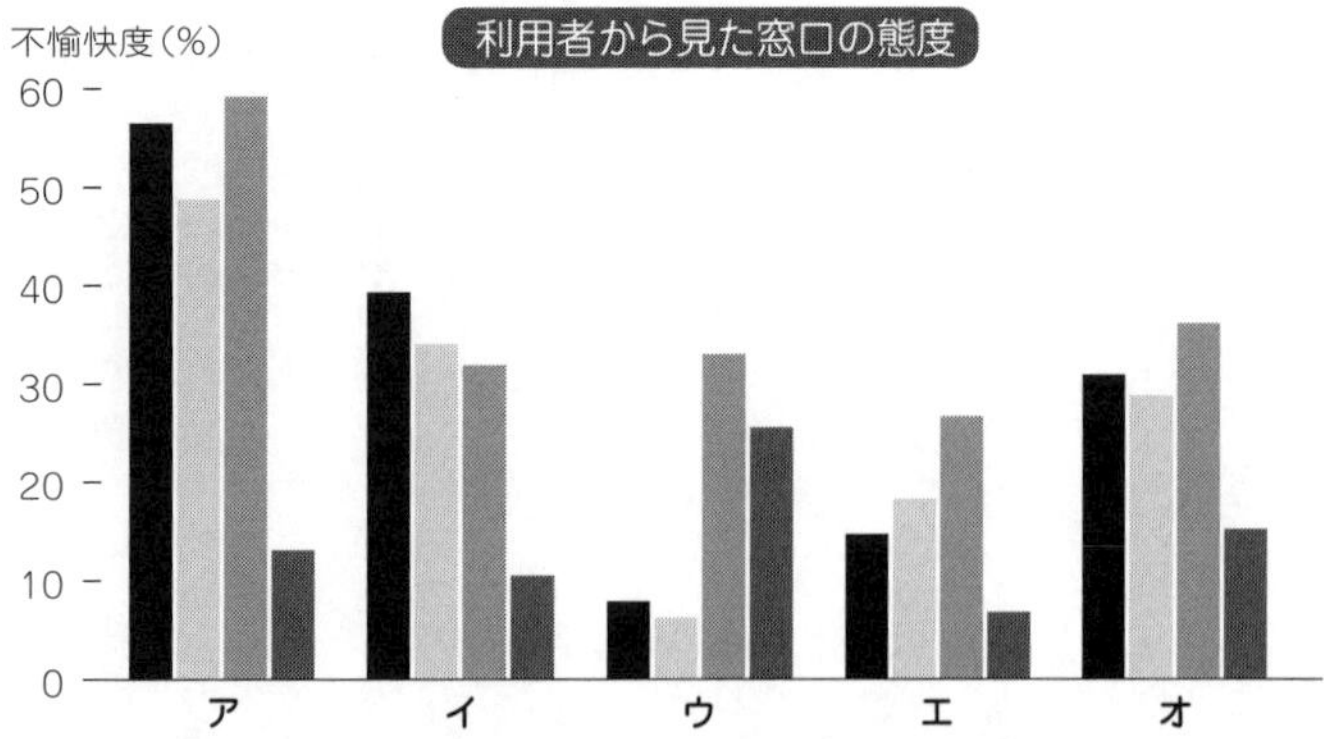

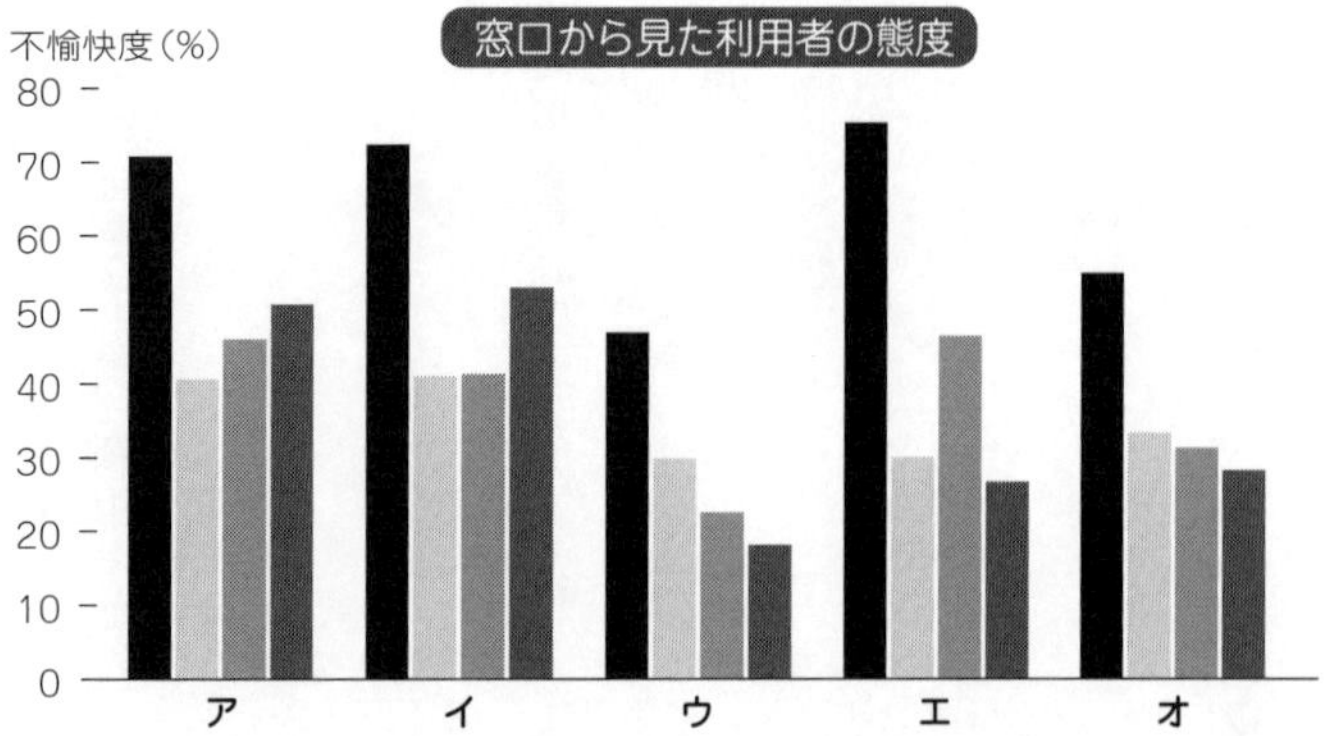

ア：ことばづかいの上でなんとなく不愉快に思った
イ：高圧的なことばづかいだった
ウ：バカ丁寧なことばづかいをされた
エ：早合点して（誤解し）、間違えられた
オ：見下げた言いかたをされた

また、同じ調査には、「利用者から見た窓口の態度」と「窓口から見た利用者の態度」の受け答えに対して「デパート」「区（市）役所」「郵便局」「銀行」での不愉快度指数が掲載されています。

この指数も、じつは、今とほとんど変わらない指数だと言われているのです。税務署などを入れると、この不愉快度指数はさらに上がると言われています。

どのような場合にどんな気分で、役所に行くのかも含めて、この指数の上下はありますが、「窓口」でのコミュニケーションがうまくいかないことを前提に、上手な質問の仕方、柔軟な説明の仕方を学ぶこと、そして相手の立場になって考えることを学ぶ必要もあるのではないかと思います。

ジラフはキリン！

学名にするのか和名にするのか

外国人と一緒に動物園に行くと、質問をされることがあります。

それは、「トラ」「ゾウ」「サル」などは、どうしてそれぞれ「タイガー」「エレファント」「モンキー」というような英語名では書いていないのですかということです。

たとえば「ライオン」は「獅子」ということばがあるのに、「ライオン」と書かれている。

「ジラフ」は、「麒麟ビール」の「麒麟」とは違うけど、「キリン」と書かれている。

なんだか変な感じがする！

これはなぜ？　と言うのです。

日本で呼ばれる動物の名前は、基本的に、古来、日本にいる犬や猫、猿といった動物や江戸時代までに日本にやってきた動物はすでにあった日本語名で名前が付けられています。

これに対して、明治時代以降に初めて外国からやってきた動物には英語名が付けられています。

しかし、キリンはちょっとした例外です。

今回は、この「キリン」について記しましょう。

ジラフには金を出せないが、キリンならしょうがない

さて、日本で動物園が開園したのは、明治十五（一八八二）年のことでした。今の「恩賜上野動物園」ですが、当時は農商務省博物局というところが管理していました。

広さも、現在の上野動物園は、東京ドームの3個分、約14・2ヘクタールという規模を誇り、約五百種類の動物を飼育していますが、当時の敷地は僅か1ヘクタール。

この時飼われていた動物は、キツネ、イノシシ、ヤギ、ヒグマ、丹頂鶴、オシドリなど日本に棲息している動物ばかりでした。

これらの動物の名前は、もともとの日本語の呼び名です。

さて、外国産の動物が初めて来日したのは、開園の翌年のことでした。

軍艦・筑波が、オーストラリアに寄港した際に捕獲したかもらったか、よく分からないまま連れてきた一匹の「大袋鼠」というものでした。「大袋鼠」では分かりませ

んね。これは今で言う「カンガルー」です。

しかし、これは、どうやってカンガルーを連れてきたかということが明らかにされず、あやうく国際法上の問題にもなりかねないという理由から、「カンガルー」とあえて名前を付けず、鼠の変種のようなことで、存在をごまかしたもののようです。

ところで、これに引き続いてドイツの動物園から買い付けて恩賜上野動物園に連れてこられたのが、キリンです。

キリンは、本来なら「ジラフ」と呼ぶべきものでした。

ところが、「ジラフ」の値段は、あまりに高価なものでした。

当時、恩賜上野動物園の予算を管理していたのは、宮内省でした。宮内省は「ジラフ」に対して、その予算を執行しようとはしなかったのです。

そこで、一案を練ったのが、当時の動物園長（その当時は、「園長」とは言わずに、監督と言いましたが）石川千代松（初代監督任期一九〇一〜一九〇七）です。

石川は、ここで「ジラフ」と言わずに、中国古代の霊獣とされた「麒麟」を買ってくるから予算を頂きたいと宮内省に依頼したのです。

「麒麟は背丈五メートル余り、顔は龍に似て、牛の尾と馬の蹄を持つ。背の毛は五色、身体には鱗あり」

儒教の経典『礼記』には、王が仁政を行う時に現れる神聖な瑞獣であると記されていますが、そんなものを見たことがある人はいません。

石川は、この「麒麟」を買ってくるのだから、予算を執行して欲しいと、宮内省に依願したのです。

瑞獣を買うと言われて、宮内省はお金を出さないわけにはいきません。

こうして買ってこられた、本当なら「ジラフ」として公開されるべき動物だったのでしょうが、「キリン」という名前のまま飼育され、人々の前に登場したのです。あえて漢字で「麒麟」としなかったところに、石川千代松の知恵があったのだと思います。

それにしても、漢語の「麒麟」が「キリン」となって残るということも不思議なことばの歴史ではないかと思うのです。

百人一首が全国に広がったわけ

百人一首はひとつではない

カルタ遊びなどを通じて、「百人一首」の優雅な世界に触れた経験は、どなたでもお持ちでしょう。

でも「百人一首」とは、本来「歌人百人の和歌を一人一首ずつ集めて作られた秀撰」という意味で、みなさんがご存じの「百人一首」を指すものではありません。「百人一首」には、たとえば、『武家百人一首』『源氏百人一首』『英雄百人一首』など、さまざまな種類があります。みなさんがご存じの「百人一首」は、正確には『小倉百人一首』と言うものなのです。

これを編纂したのは、平安末から鎌倉初期の公卿で、歌人、国語学者でもあった藤《ふじ》原定家《わらのていか》（一一六二〜一二四一）です。

『小倉百人一首』の成立は文暦二（一二三五）年頃と言われています。

武将で歌人でもあった宇都宮頼綱《うつのみやよりつな》（蓮生《れんじょう》）が、京都嵯峨野（現・京都市右京区嵯峨）に建てた別荘・小倉山荘の襖の装飾にしたいと、色紙を依頼したのです。

すると、定家は、美しい色紙に、飛鳥時代の天智天皇から鎌倉時代・順徳天皇までの和歌を百首選んで贈ったのです。

『嵯峨山荘色紙和歌』『小倉山荘色紙和歌』『小倉色紙』などとも呼ばれましたが、まもなく『小倉百人一首』と呼ばれるようになり、また室町時代、連歌師・宗祇《そうぎ》がこの『小倉百人一首』の注釈『百人一首抄』を作ることになって以降『百人一首』と呼ばれることになったのです。

ただ、江戸時代になると『武家百人一首』など、さまざまな「百人一首」が作られました。ですので、他の「百人一首」と区別するために定家が選んだものを『小倉百人一首』と呼ぶのです。

芸術のために闘った藤原定家

さて、定家が二十三歳の時に、平家が滅亡する壇ノ浦の戦いが起こります。

これにより朝廷の権力が失われ、同時に貴族である藤原家も没落の一途を辿ります。

はたして、鎌倉幕府を開いた源頼朝の死後、北条時政が執権となり、政治の実権を取り戻すために後鳥羽上皇が起こした「承久の乱」があるなど、時代は混乱を極めます。

そんな中、定家は「世上の乱逆、追討、耳に満つと雖も之を注せず。紅旗征戎、吾が事にあらず（世の中には朝廷に対する反逆者の声、それを打つ朝廷の声などが響き渡っているが、私はそんなことに注意を向けない。天子の紅旗を掲げた幕府への討伐のことなど、私には関係ない）」と、日記『明月記』に書きながら歌道に打ち込んだのです。

我が国で、最初に「芸術至上主義」を表明し、和歌のことばと闘った人です。「定家仮名遣い」と呼ばれる日本語の「仮名遣い」は、その格闘の末に出来たものです。

他人は惣じて（総じて）然らず。又先達、強ひて此の事無し。只《ただ》愚意分別の極めたる僻事《ひがごと》なり。親疎老少、一人も同心の人無し。尤も道理と謂ふべし。況や亦《また》、当世の人の書く所の文字の狼藉、古人の用ゐ来たれる所を過ぎたり。心中これを恨む。

（仮名遣いについて、ほかの人は総じて気にすることがない。また先人たちもこのことについて、特に言及したことはなかった。以下に自分が定める仮名遣いは、人から見ればただの独りよがりのくだらないたわごとである。親しい者だろうと疎い者だろうと、また老いも若きも、これを見て自分と意を同じくする人は誰もいないだろう。まことにそれは道理というべきである。ましてその上、今の世の人が書くところの仮名遣いのでたらめさは、古人の用いてきたところをもはるかに超えている。この現状を、心の中で恨んでいる）

こうして、定家は、和歌を書く時には、「お」と「を」、「え」と「ゑ」を区別する「仮名遣い」が必要だと主張したのでした。

世界唯一の記憶力＋瞬発力を養う音読ゲーム

ところで、『百人一首』は、江戸時代になると「カルタ」というカードゲームとして、庶民のあいだに広まることとなります。歌の上の句を聞いて下の句の札を取る。まさにわが国の教育においてとても重要な「音読」によるゲームが全国規模で起こったのです。

とりわけ江戸の町は、地方から集まってきた人々の方言が甚だしく、カルタはそれらの人々の共通語を形成する大きな役目を果たしました。また、『百人一首』は、江戸時代を通じて寺子屋などで「読み・書き」の教科書とされた「往来物」に、必ずといっていいほど印刷されるなど庶民に身近なものでした。

『百人一首』のカルタには「決まり字」というものがあります。これは上の句の一文字、二文字、三文字を聞くだけで、どれが下の句の札かを知る、という先頭の数文字を言います。

たとえば、「む」が最初の音でしたら、「む」から始まる歌は百人一首第八十七番、寂蓮法師作の「むらさめの……」しかありません。

カルタを取る人は、「む」と聞いただけで、下の句の「霧たちのぼる……」の札と知ることができるのです。

このように、一字で決まる歌が七首、二字で決まる歌が十首といったように、『百人一首』は記憶力や瞬発力を養うカードゲームなのですが、ことばを使ったこんな高度なゲームは、世界中探してもどこにも見つけることはできません。

日本語はなぜ主語があいまいなの？

分かることは言わない原則

「勉強する。夕食はいらない」

こんなメッセージを親子の間でやりとりすることがありませんか？

「明日、間に合いそう。寝なきゃ」

「天ぷらにしよう。お腹あんまり空いていないから」

話をしている時も、こんな感じでしょうか。

言いたいことが相手に伝われば、ことばとしてはまったく問題ありません。

でも、誰が勉強するのか、誰が夕食はいらないのか、誰が寝るのか、誰が天ぷらを選ぶのか。

英語を勉強すると、「I will study」「I have to sleep」「I'm not hungry」など、「主語があって述語がある」と習います。

でも、日本語では、「誰が」「誰は」という主語は省くのがふつうです。

日本語には、昔から「言わなくても分かることは言わない」という原則があるからです。

古池や蛙飛び込む水の音

この有名な松尾芭蕉の俳句の主語は何なのでしょうか。

英語でもいろいろと訳されていますが、英語の訳ではどうしても、カエルがポッチャンと小さな池に飛び込む瞬間を書き表すことができないのです。

それは、この俳句の場合なら、作者である芭蕉自身である「私」が、カエルが飛び込む音を聞いているのと同時に、後世この俳句を読む人たちも、この俳句から同じ「音」を共感できるように作られているからです。

主語は語らず感じ取るもの

つまり「主語」は、芭蕉であり、読む人それぞれということにもなるでしょう。

でも、どうでしょうか。この俳句を読むと、なんとも言えない「静けさ」を感じませんか？

これは、「感じてほしい」ことは「言わない」という日本語の原則に基づいています。

主語が省かれることも、もちろん、「主語が何かは、感じて分かってほしい」ということのひとつの現象でしょう。

「言うに及ばない」「言う必要がない」「言わずもがな」という「空気感」を読み取るような方法で、日本語は出来ているのです。

「主語」も「空気」も、すべて「感じること」、日本人が美しい自然の風景を愛で、「日本庭園」や建築、絵画、書など、世界に誇る芸術を創造できたのは、まさに日本語ならではの基本的な原則に基づいているものだったのです。

「ことば」から「心」へ

俳諧を誕生させた重頼の発想

やあしばらく花に対して鐘をつくこと

これ何？　まさか俳句？　と首を傾げる人も少なくないでしょう。現代のものではありません。

江戸時代前期、一六八〇年頃に、松江重頼《まつえしげより》（一六〇二～一六八〇）が詠んだ俳諧です。「桜が散ってしまわないように鐘をつくのをしばらく待ってくれ」と解釈されることが多いのですが、「指先で花をツンツンしながら『やあしばらく』と花に挨拶をしている」ようにも私には思われます。

これだけ読むと、大正浪漫さえ漂うような気がしますが、この斬新さこそ、室町時代から江戸時代前期にかけて、「連歌」から「俳諧」を生み出した「力」だったのです。

松尾芭蕉も、もちろん重頼の影響を受けています。

しかし、重頼だけで新しい俳諧が生まれたのでは、もちろん、ありません。そこにはもうひとり重要な人がありました。

談林《だんりん》派の総師と呼ばれることになる西山宗因《にしやまそういん》（一六〇五〜一六八二）です。

宗因は、九州肥後（現・熊本県）八代の城代・加藤正方《かとうまさかた》の家臣として生まれましたが、主君・正方も連歌好きで、若い頃から京都にいる連歌師・里村昌琢《さとむらしょうたく》（一五七四〜一六三六）の指南を仰いでいました。

しかし、寛永九（一六三二）年五月二十二日、主家の熊本藩二代藩主・加藤忠広《かとうただひろ》（加藤清正の第三子）が、江戸参府途上、品川宿で入府《にゅうふ》を止められ、突然「改易」されてしまいます。

「改易」とは、所領や家禄、屋敷の没収、士分の剝奪です。理由はここでは詳しく述べませんが、「殿の御乱心」によるものです。はたして、忠広は二度と熊本に戻ることは許されず、出羽庄内藩主・酒井忠勝《さかいただかつ》お預けの身になってしまったのでした。

宗因が切り開いた「心」の摑まえ方

もちろんこの「改易」は加藤正方にも及び、宗因も身分を失い、流浪の人となってしまいます。

「連歌で身を立てるほかない」と思ったのは、江戸、京都を放浪して再び郷里・八代に戻って、すでに故郷にも落ち着く場所のないことを知ってからでした。

再び、京都に出ると、宗因は、里村昌琢のもとで連歌に励むのです。

そして、正保四（一六四七）年、里村の推挽で、大坂天満宮連歌所（月並連歌）の宗匠に抜擢されたのです。

こうして、連歌師として名を馳せた宗因は、万治四（一六六一）年、五十七歳の時、息子・宗春とともに伊勢神宮に詣で、「両吟百韻」を奉納するほどにまでなっていたのでした。

日の御影いたるかきりや神の春　宗因
四方ものとかに明る天の戸　宗春
川つらに月はのこれる朝朗《あさぼらけ》　宗因

霧ふかからし岸の呉竹　　宗春

さて、これより少し前から、宗因は、重頼から俳諧を学んでいました。連歌が「ことばの連想による世界の把握」であるのに対して、俳諧は「心を連想させて他者になること」を目的とします。

その「心」は、どこで掴まえるか。

その源は、「能（謡曲）」でした。

里人の渡り候か橋の霜

これは宗因が「一幽」と号して詠んだ俳諧で、謡曲『景清』の「いかに此あたりに里人のわたり候か」ということばを踏んで作ったものです。

平家の武将景清が、日向国に流されて盲人の乞食《こつじき》となったところに、娘が会いにやってくるという哀れさを、宗因はこの一句に織り込んでいるのです。

芭蕉が大成させた「ことばのあり方」

この宗因の「心」を受け継ぐのが芭蕉です。

たとえば、『奥の細道』の「田一枚植えて立ち去る柳かな」は、柳の化身となった老人が遊行上人の足を止めて、西行の奥州下向の話をしたという謡曲『遊行柳《ゆぎょうやなぎ》』を下地にしたものです。

宗因は連歌師として一生を終えますが、重頼の時に「種」となり、宗因の時に「芽」をのばしたその「心」は、芭蕉によって「花」を咲かせることになります。

「ことば」は、ただ「ことば」としてコミュニケーションができればいいという「道具」ではありません。

ことばを使いながら、人は、「心」と「心」を結ぼうとしているのです。

青き程白魚白し苣《ちさ》の汁
花守や児《ちご》に折らせて知らず顔

おわりに

ぼくの母国語は、大きな括りで言えば日本語です。

ですが、ぼくが、もっともぼくらしく、自由に発想できるのは、佐世保弁です。

もしも、ずっと佐世保に暮らしていたら、こんなことには気がつかなかったかもしれません。佐世保弁は、もちろん北九州方言の一部に属する日本語なのですが、明るくて楽しくて、哀愁もちょっとだけあって、優しいことばです。

「なんばしよっとね、ばかんごと」

「そがんしたら、うっかんげるばい」

「よっそわしか」

それぞれ「何をしているのか、バカのようなことをして」「そんなふうにすると、壊れてしまうよ」「きたないね」と、標準語に直すことはできますが、語感は佐世保弁で言うのとはまったく異なります。

日本語は日本語なのですが、まったく異質なことばなのです。

でも、同じことを、ぼくは海外に長く暮らして、日本語に対して感じました。英語やフランス語で言い表すことはできるけど、一番自分らしく、自由に発想できるのは、やっぱり日本語だと。

ただ、その日本語が、残念ながら、年々、貧弱になってきているなぁと思うのです。語彙もそうです。話している内容もそうです。

歌の歌詞は、どれもこれも、薄っぺらくて、聞くに堪えません。

研究が分析的であるのは重要でしょうが、大局的な視点に迫るものがなく、まったく読むに堪えません。

大学の授業で学生から面白い話が出てくることは、ほとんどありません。

テレビもラジオも、チャンネルを変えたい、消してしまったほうがいいと思うものがほとんどです。

七〇年代、八〇年代のラジオの深夜番組は、「面白くて眠れなくなる」ほどでした。

考えてみると、ぼくの高校時代の連日の徹夜は、夜中に家を抜け出して友達と音楽を聞いたり話をしたり、独りでラジオを聴いて腹を抱えて笑っているか、文庫本の頁を捲って書かれていることばから世界を想像するかのいずれかでした。

絶えず、「ことば」が活き活きと光を放って存在していたのです。

教室もシーンとしているのは、試験の時くらいだったのではないでしょうか。といっても、試験も、ことばとの格闘ですから、ことばが頭の中にいっぱいになっていたことは確かです。

でも、今は、空虚というのでしょうか、日本のどこに行っても、方言は聞かれなくなり、何を読んでも、聞いても、ことばが活き活きとしているように感じないのです。

これでは日本文化はもうダメになってしまうのではないかと思うほどです。

全国の大学で、文学部は役に立たないということで、続々閉鎖が続いています。

文学部なんか出ても、お金にならない、就職に有利には働かないからです。

文学部の先生たちは、みな、こうした事態に怒ったりしていますが、ぼくは、そういう事態を招いたのは自分たち自身ではなかったかと言いたくなります。

面白い授業をしたり、アッと驚くような研究論文でなければ、退屈なだけです。

大学の会議にしても、最高学府を出た教養もあるであろう人たちが、こんなバカなことをよく報告したり、議論したりしているなぁ、きっと研究や教育が嫌いになったので、大学行政に一生懸命になっているんだろうなぁと思うばかりです。

それにしても、大学の教員といっても、漢字の読み方は間違いだらけ、語彙は貧弱、言いたいことを精確に言えず、人の言うことも正確に聞き取れないのですから。

これでちゃんとした教育ができるはずがないのです。

と、そんなこんなで、最高学府で教える人の日本語がダメになってしまうと、そこでは小中高の先生を養成しているのですから、日本の文化を創るための日本語がダメになってしまうことは明らかです。

言語は、一度滅びると、再びそれを再生することはできなくなってしまいます。

そして、言語に依存する自由な発想は、失われてしまいます。

もし、ぼくが佐世保弁をまったく頭の中から搔き消してしまったとしたら、おそらく私らしい発想もなくなってしまうでしょう。

同じように日本語を捨ててしまったら、日本語的な発想も失ってしまうでしょう。

それは、とっても悲しく哀れなことです。

自分らしい発想がなくなるということは、自分はいなくてもいいということになってしまうからです。

世界の中から、日本がなくなればいいと思うのであれば、日本語を貧弱にして、消滅させればいいのです。

もし、それがイヤだと言うのなら、日本語を大事にして、もっと日本語を使うしかありません。

日本語は、謎に満ち、そして、使えば使うほど、感受性を豊かにしてくれる言語です。

ぜひ、日本語をもっと楽しんで活き活きとさせ、日本文化をもっと深く発展させてほしいと思います。

本書が、その一助となれば、これほど嬉しいことはありません。

本書の企画を下さった、元ＰＨＰエディターズ・グループの佐口俊次郎様、そして佐口様のお仕事を引き継いで形にして下さった見目勝美様、野元一哉様に衷心より御礼を申し上げる次第です。

二〇二二年十二月十九日　　やまぐちヨウジ拝

参考文献

亀井孝・大藤時彦・山田俊雄編『日本語の歴史』平凡社　二〇〇六年
東京成徳英語研究会編著・福田陸太郎監修『ＯＥＤの日本語３７８』論創社　二〇〇四年
宮島達夫ほか編『図説日本語　グラフで見ることばの姿』角川書店　一九八二年
沖森卓也著『日本語全史』筑摩書房　二〇一七年
国立国語研究所編『現代雑誌の語彙調査』国立国語研究所報告一二一　二〇〇五年
国語学会編『国語史資料集―図録と解説』武蔵野書院　一九七六年
大野晋・丸谷才一編『日本語の世界』中央公論社　一九八六年
白藤禮幸ほか著『国語学叢書』東京堂出版　一九八七年
飛田良文ほか編『日本語学研究辞典』明治書院　二〇〇七年
佐藤武義・前田富祺編集代表『日本語大事典』朝倉書店　二〇一四年

著者略歴

山口謠司（やまぐち・ようじ）

1963（昭和38）年、長崎県生まれ。大東文化大学文学部教授。博士（中国学）。フランス国立高等研究院人文科学研究所大学院に学ぶ。ケンブリッジ大学東洋学部共同研究員を経て、現職。『ん 日本語最後の謎に挑む』『日本語通』（新潮新書）、『日本語を作った男 上田万年とその時代』（集英社インターナショナル／第29回〈平成28年度〉和辻哲郎文化賞［一般部門］受賞）、『語彙力がないまま社会人になってしまった人へ』（ワニブックス）、『心とカラダを整える おとなのための1分音読』（自由国民社）、『13歳からの読解力』（PHPエディターズ・グループ）など著作多数。近著に『てんまる 日本語に革命をもたらした句読点』（PHP新書）がある。

面白くて眠れなくなる日本語学

二〇二三年二月九日　第一版第一刷発行

著　者　山口謠司
発行者　岡　修平
発行所　株式会社ＰＨＰエディターズ・グループ
〒一三五－〇〇六一　江東区豊洲五－六－五二
☎〇三－六二〇四－二九三一
http://www.peg.co.jp/

発売元　株式会社ＰＨＰ研究所
東京本部　〒一三五－八一三七　江東区豊洲五－六－五二
普及部　☎〇三－三五二〇－九六三〇
京都本部　〒六〇一－八四一一　京都市南区西九条北ノ内町一一
ＰＨＰ　ＩＮＴＥＲＦＡＣＥ　https://www.php.co.jp/

印刷所
製本所　図書印刷株式会社

ISBN 978-4-569-85283-6